普通高等教育土建学科专业『十二五』规划教材
全国高职高专教育土建类专业教学指导委员会规划推荐教材

城市管理综合执法概论

（城镇规划专业适用）

本教材编审委员会组织编写
王震国 主编
李媛 副主编

中国建筑工业出版社

图书在版编目（CIP）数据

城市管理综合执法概论／王震国主编.—北京：中国建筑工业出版社，2015.6
普通高等教育土建学科专业"十二五"规划教材.全国高职高专教育土建类专业教学指导委员会规划推荐教材（城镇规划专业适用）
ISBN 978-7-112-18112-4

Ⅰ.①城… Ⅱ.①王… Ⅲ.①城市管理－行政执法－中国－高等职业教育－教材 Ⅳ.① D922.297

中国版本图书馆CIP数据核字（2015）第097957号

本教材从知识上、理论、实务三个层面对城市管理行政综合执法进行了综合阐述，包括：成因意义、历史沿革、发展趋势、内涵特征、基本原则、依据规范，以及环境卫生、建构筑物、基础设施、园林绿化、城市废弃物等相关管理领域的综合执法。本教材既可作为高职院校相关专业学生的教学用书，也可用于相关院校教师的参考用书，并可用于相关政府部门管理和执法者的学习读本。本教材的出版，将在全国同类专业教学、培训中发挥积极和填补空白的作用，也是对城市管理系列教材库的充盈。

责任编辑：杨 虹 朱首明 吴越恺
责任校对：张 颖 刘梦然

普通高等教育土建学科专业"十二五"规划教材
全国高职高专教育土建类专业教学指导委员会规划推荐教材

城市管理综合执法概论
（城镇规划专业适用）
本教材编审委员会组织编写
王震国 主 编
李 媛 副主编

＊

中国建筑工业出版社出版、发行（北京西郊百万庄）
各地新华书店、建筑书店经销
北京嘉泰利德公司制版
北京市安泰印刷厂印刷

＊

开本：787×1092毫米 1/16 印张：10 字数：212千字
2015年8月第一版 2015年8月第一次印刷
定价：26.00元
ISBN 978-7-112-18112-4
（27352）

版权所有 翻印必究
如有印装质量问题，可寄本社退换
（邮政编码100037）

编审委员会名单

主　任：丁夏君
副主任：周兴元　裴　杭
委　员（按姓氏笔画为序）：
　　　　　甘翔云　刘小庆　刘学军　李伟国　李春宝
　　　　　肖利才　邱海玲　何向玲　张　华　陈　芳
　　　　　赵建民　高　卿　崔丽萍　解万玉

前 言

无论哪一类城市，要想健康、平稳、高效地发展，都应积极探索具有政府行政方式质变意义的间接与柔性的城市管理行政综合执法，包括执法事项的负面清单化、执法程序前置与内涵的人性化、执法方式的间接柔性化、执法与管理的合理分工和协作配合、搞好法外服务疏导、执法方的换位思考、执法者的规范提高，实现城市管理行政综合执法时、度、效的科学统一，以及平衡、协调的中国特色可持续法治。

有鉴于此，我们编撰了对培养城市管理行政综合执法人才具有理论先导、知识综合、理念更新作用的高职院校教材——《城市管理行政综合执法概论》，以期让更多的学法者、执法者、守法者具备法无授权皆不为的规矩意识，确立法无禁止皆可为的尊重意识，弘扬兴国安邦的法治精神。

本教材是在多年试用的高职自编讲义基础上优化而成，并从知识上、理论上、实务上对城市管理行政综合执法进行了综合阐述，这在同类教材中尚属首次。全书共十四章三十四节，分为三大板块，其中：第一至二章为第一板块，是对城管综合执法成因、意义、以往历史与发展趋势的概述，为全书的引领部分；第三至八章为第二板块，是对城管综合执法本体的详解，也是城管综合执法基础知识与系统理论的构成主体，包括了性质、特征、内容、地位、原则、要件、手段等的描述，以及信息档案、本体法治的解构；第九至第十四章为第三板块，是城市管理综合执法的实务写真，包括第九章的实务综述——执法共性与两个直辖市执法体系的整体个案，以及第十至十四章对城管执法五个主要领域（市容环境卫生、建构筑物、基础设施、园林绿化、城市废弃物）执法实务的实操型专述——执法主体与对象、违法认定与查处。

本教材由全国第一所城市管理类高职院校、也是第一个创办城市管理行政综合执法专业的高职院校——上海城市管理职业技术学院的教师与社会上长期从事城市管理行政综合执法研究的专家、公职律师等共同编著，具有知识与理论完整、贴近城市管理综合执法一线实际和易于实操的特点。作为试用讲义，本教材已经在教学实践中使用多年，并进行了不断的优化、丰富，受到各方的好评；作为正式出版的高职教材，将在全国同类专业教学、培训中发挥积极和填补空白的作用，也将是对城市管理系列教材库的充盈。

本教材既可作为高职院校相关专业学生的教学用书，也可用于相关院校教师的参考用书，并可用于相关政府部门管理和执法者的学习读本。

编者
2015年6月

目 录

第一章 城市管理与综合执法概述 …………………………………… 1
    第一节 城市管理的概念与主要特征 ……………………………… 2
    第二节 我国城市管理的现状与趋势 ……………………………… 4
    第三节 城市管理综合执法内涵依据 ……………………………… 7

第二章 城市管理综合执法的历史与趋势 …………………………… 11
    第一节 城市管理综合执法的历史沿革 …………………………… 12
    第二节 城市管理综合执法的发展趋势 …………………………… 19

第三章 城市管理综合执法的性质、特征与内容 …………………… 25
    第一节 城市管理综合执法的性质 ………………………………… 26
    第二节 城市管理综合执法的特征 ………………………………… 27
    第三节 城市管理综合执法的内容 ………………………………… 30
    第四节 城市管理综合执法与相对集中行政处罚权的关系 ……… 41

第四章 城市管理综合执法的地位与作用 …………………………… 47
    第一节 城市管理综合执法的地位 ………………………………… 48
    第二节 城市管理综合执法的作用 ………………………………… 49

第五章 城市管理综合执法的法理原则 ……………………………… 53
    第一节 城市管理综合执法的基本法理 …………………………… 54
    第二节 城市管理综合执法的主要原则 …………………………… 56

第六章 城市管理综合执法的要件手段 ……………………………… 61
    第一节 城市管理综合执法的要件 ………………………………… 62
    第二节 城市管理综合执法的手段 ………………………………… 65

第七章 城市管理综合执法的信息档案 ……………………………… 69
    第一节 城市管理综合执法信息档案的重要作用 ………………… 70
    第二节 城市管理综合执法信息档案的基本内容 ………………… 71
    第三节 城市管理综合执法信息档案的建设管理 ………………… 73

第八章 城市管理综合执法的立法循法 ……………………………… 75
    第一节 城市管理综合执法的立法与循法 ………………………… 76
    第二节 城市管理综合执法循法的法治 …………………………… 80
    第三节 城市管理综合执法监督的法治 …………………………… 83

第九章　城市管理综合执法的问题与破解　89
第一节　我国城管综合执法的共性问题　90
第二节　上海城管综合执法问题的破解　94
第三节　北京城管综合执法问题的破解　105

第十章　城市市容环境卫生管理的综合执法　111
第一节　城市市容环境卫生管理的执法主体与对象　112
第二节　城市市容环境卫生管理的违法认定与查处　114

第十一章　城市建(构)筑物管理的综合执法　131
第一节　城市建(构)筑物管理的执法主体与对象　132
第二节　城市建(构)筑物管理的违法认定与查处　133

第十二章　城市基础设施管理的综合执法　139
第一节　城市基础设施管理执法的主体与对象　140
第二节　城市基础设施管理的违法认定与查处　140

第十三章　城市园林绿化管理的综合执法　143
第一节　城市园林绿化管理执法的主体与对象　144
第二节　城市园林绿化管理的违法认定与查处　145

第十四章　城市废弃物管理的综合执法　147
第一节　城市废弃物管理执法的主体与对象　148
第二节　城市废弃物管理的违法认定与查处　149

参考文献　152

后　　记　154

城市管理综合执法概论

1 第一章 城市管理与综合执法概述

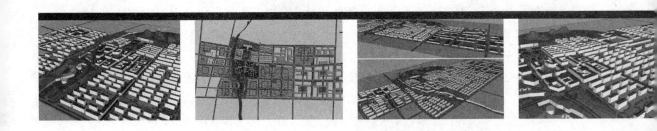

考察人类城市的发展史，可以说，自从有了城市人们便开始了城市管理的实践。城市管理，这一古老而现代的人类活动，随着城市功能的不断扩张与多样，也越来越成为国际社会关注的热门话题。在今天，现代化的城市管理已成为文明都市生存和发展的必要条件。城市管理的内容和概念也随着城市功能的不断发展而发生了明显变化。

第一节 城市管理的概念与主要特征

一、城市管理的概念内容

随着社会经济的不断发展，城市功能日趋多样化、城市生产日趋智能化、城市活动日趋社会化、城市系统日趋开放化，城市功能的不断扩张和多样化已经带来了城市新的形态，同时经济体制变革使得城市管理更加复杂化，城市管理的内涵也在不断变化之中。

在我国，传统意义上广义的城市管理，是指以政府为主体，以城市为对象的、为实现特定目标对城市运转和发展所进行的计划、领导、控制行为和活动的总和，在计划经济体制下就是贯穿于城市各方面建设规划、计划、指挥、监督和协调的全过程，包含对城市所有单位、部门、产业的综合管理和公共管理。狭义的城市管理，主要是指以城市政府为主体，对城市的公用事业、公共设施等方面的事前规划、建设和事后维护的控制、协调。但是，随着我国社会经济的不断发展和城市管理实体与主体的变化，处于社会主义初级阶段市场经济体制下的城市管理，其内涵已经发生了明显变化：

（一）管理主体的变化

在我国传统计划经济体制下，以实行中央集权的计划经济为社会背景，政府是全能政府、无限政府，因此城市管理的主体是单一的，就是城市政府。市场经济条件下，现代城市管理的主体开始向多元化发展，城市政府不再是惟一的管理者，但在社会主义初级阶段它仍然是城市管理的主导；除城市政府外，各营利性企业、非营利组织、社会团体和社会公众等也是现代城市的管理主体。

（二）管理内容的变化

传统计划经济体制下政府作为高度集权的"无限政府"，其管理范围涉及城市所有单位、部门、产业的综合管理和公共管理；现代城市管理主要是以城市的长期稳定协调发展和良性运行为目标，以人、财、物、信息等各种资源为对象，对城市运行系统做出的综合性协调、规划、控制和建设、管理等活动。

概括而言，现代城市管理是指多元的城市管理主体依法管理或参与管理城市地区公共事务的有效活动。

这一概念可以从广义和狭义两方面来理解：广义的城市管理是指城市存在和运营的各个方面的管理，大到城市经济的管理、城市社会管理、城市建设管理和城市公共事业管理，小到乱吐乱扔随地便溺管理都涵盖其中。从管理的事项内容看，包括以下几个方面：由城市财政管理、市场管理、房产管理等构成的城市经济管理；由城市人口管理、社会治安管理、社会保障管理等构成的城市社会管理；由城市教育管理、科技管理、文化管理、卫生管理等构成的城市公共事业管理；由城市环境保护、市容管理等构成的城市环境卫生管理以及城市规划管理、城市基础设施建设管理等。狭义的城市管理主要指对城市的公用事业、公共设施等方面的规划和建设的控制、指导；它通常包括城市规划管理、市政设施管理、环境卫生管理、园林绿化管理、公共秩序管理、生态保护管理、公用事业管理等。

我们研究的城市管理综合执法是以政府行政机关为主导，以狭义城市管理概念为基本职责范围的一种管理活动。

二、城市管理的主要特征

（一）发达国家城市管理特征

根据世界发达国家与地区城市管理的经验与做法，归纳起来，现代城市管理一般具备以下几个方面的主要特征：

1. 城市管理理念的先进性与科学性

现代城市管理的特征首先反映在城市管理理念的进步，这体现了社会发展的水平与阶段。城市管理理念可以分为两种基本类型：一是以经济为中心的城市管理理念产生"经济主导型"城市管理模式；二是以人为中心，以社会为本位的城市管理理念产生"社会主导型"模式。"社会主导型"模式的特征表现为城市政府的工作重心偏重于社会，即为城市经济社会的发展创造良好的外部环境和物质条件，城市政府一般不直接管理经济组织的微观活动。相对而言，社会主导型管理理念与模式是对经济主导型管理理念与模式的一种超越和进步。

2. 城市管理体系的完整性与系统性

现代城市管理要求对城市活动的方方面面进行系统性与综合性管理，要求建立完整的城市管理体系，形成既有专业分工又有综合协调的分层分类管理模式。因此，城市管理体系与管理体制是否完整有效，反映了城市管理的水平。

3. 城市管理的法治化与规范化

现代城市管理基于法治的基础上，有一套系统的城市管理法律法规体系、城市管理执法机构与社会监督机制，要求严格执法，规范管理，做到依法治市。

4. 城市管理的社会化

管理的社会化指的是政府从一切社会能够而且应该承担的城市管理领域退出，保留和强化社会需要但又无法承担的城市管理职能，社会自治是城市管理能够达到的最高境界。现代城市管理要求政府机构和非政府组织、社会团体、社会各界和广大市民，发挥各自的主体作用，积极参与城市管理活动，使城市管理更加符合大众的利益与意愿，得到公众的支持与社会的监督，同时通过民主化、社会化管理，增加城市管理的透明度与科学性。

5. 城市管理的市场化运作

城市管理的市场化运作是指把有条件通过市场运作、依靠市场投入产出机制消化成本的城市管理部分从政府职能中剥离出去，保留与强化市场失灵的城市管理职能，以降低城市管理的成本，提高管理的效率。

6. 城市管理技术手段的现代化

现代科学技术的发展为城市管理提供了先进的技术手段与工具，现代城市管理要求建立现代化管理技术装备体系，并普遍运用电子计算机、电子信息网络等先进技术，将城市管理建立在精确、高效的技术平台之上。

7. 城市管理的专业化

城市管理专业化是指无论是社会化还是市场化管理，以及政府的管理，都应由受过专业训练的专门人员来从事，其中相当一部分管理应由社会专业机构来组织实施，城市管理的专业化，可以使城市管理更加科学、规范和具有效率。

（二）我国城市管理的特征

作为发展中国家的中国，城市管理是根据城市的功能和发展目标对城市构成要素和活动主体进行调节的过程，其目的是保证城市正常有序地运行。基于城市的结构特征，以及城市管理内涵的多重要素，我们不难发现，我国的城市管理具有以下特征：

1. 管理的综合性（由一元管理向多元性发展）

现代城市是高度复杂的社会综合体，社会、经济、环境资源等系统，具有各自的运行规律和特征，既自成体系，又相互影响，相互制约，并同外界环境有着密切的联系，从而决定了城市管理具有综合性的特点。

2. 管理的开放性（由封闭走向开放）

城市是社会"硬件"的一部分，城市发展是社会发展必不可少的一环。城市是一个开放型大系统，它对自然资源的依赖及产品对市场的依赖迫使城市对外部区域开放。因此只有开放式的管理，才能增强城市的开放性功能。城市的开放表现在：对农村的开放，对国内市场的开放，对港澳台地区和国外的开放，以及技术、文化、人流、物流、信息流、资金流的大规模输入和输出。

3. 管理的动态性（变动因素多而复杂）

现代城市作为一个有机整体，各个局部的运转都会影响到整体的运行，因此，要掌握城市运转的规律，应从长远的、动态的角度来管理实施城市发展战略目标，进行总体动态规划，而不能静止地、独立地管理城市的各构成要素，不仅要管好局部，还要协调好总体的运行。

第二节 我国城市管理的现状与趋势

一、城市管理的基本现状

现代世界城市的历史进程表明，城市的发展一般都要经历两个阶段：一个是侧重建设阶段；一个是注重管理阶段。20世纪50年代到70年代，西方发达国家的城市处于侧重建设阶段，各大主要城市普遍进行了耗资巨大、规模空前的城市建设，然而盲目发展城市建设却忽略了城市管理的跟进，使得"城市病"突出。20世纪80年代开始，西方城市大规模的建设基本停止，各大主要城市相继进入注重管理的阶段，通过推行现代管理，不断提高管理水平来解决城市在发展与运行中遇到的各种矛盾。

我国1986年国务院召开第三次城市工作会议，1987年国务院《关于加强城市建设工作的通知》和中共中央《关于经济体制改革的决定》中明确指出：城市政府的主要职责是规划、建设、管理城市。在此号召之下，改革开放以来我国城市数量、规模发展很快，城市面貌发生了历史性变化。然而我们仍逃不过城市发展的规律，大规模的城市建设与落后的城市管理，凸显了两大矛盾：一方面我国经济基础薄弱，城市道路建设落后、基础设施陈旧，然而，改革开放以后经济与社会各项事业的发展迅速，城市经济一直保持良好的增长势头，给城市的各项资源带来了很大的压力，迫切需要城市加快硬件建设；另一方面，城市建设中，管理的落后使得各种资源浪费触目惊心，土地匮乏、建设混乱、交通拥挤、环境恶化等问题频出。

我国目前的城市管理工作在取得一定成效的同时，仍存在以下的问题：

（一）城市管理认识片面

目前在城市管理活动中，"三分建设、七分管理"这个观点虽被普遍接受，但落到实处的工作，往往还是跳不出"重建设，轻管理"的传统思维定式，违法建筑现象严重就是城市管理不到位的表现之一。不少城市的管理活动停留在"权力行政、义务服从"的政策管理和"头痛医头,脚痛医脚"的技术管理层面；还有的城市开始注重法治管理，但是却把法治管理片面理解为"罚治"，实际管理中以罚代管现象较严重。

（二）城市管理体制不顺

这个问题在计划经济时期并不突出，而在社会主义市场经济环境下，一些政府部门受经济利益驱动，不顾地方实际情况，不顾城市整体利益，对部门有利就争权争利，不利的就拖延、推诿，"条块分割"严重，妨碍了城市整体服务功能的发挥。

（三）城市管理理念落后

城市管理工作应该"以人为本"，这里的人指的应该是社会大众，而不是管理者，不少部门在实施管理活动中官僚作风严重，造成管理部门与管理相对人之间对立现象较为突出，政府与市民互动关系没有形成，公众参与管理机制远未确立。

（四）城市管理技术落后

我国高科技在城市管理领域的运用还落后于西方发达国家，如区域信号控制系统和区域线路引导系统在西方国家已大规模使用，我国仅上海、北京、广州才着手建设。

我国目前的经济发展水平还不高，城市硬件建设还很不够，只相当于西方国家20世纪70年代前后的水平，处于西方城市的侧重建设阶段，但我们的人流、物流、信息流却已呈现出西方20世纪90年代的特征，需要采用现代管理方式，这也要求我们从现在起就要注重管理，把城市管理作为推进城市现代化进程中的一个大课题来研究。

二、城市管理的发展趋势

（一）信息化

21世纪是知识经济时代，随着高科技的不断研究和发展，在我们熟悉的物质城市的身边正在形成一个充满数字信息化特征的时代现象。这种现象正在渗透到城市规划、建设、管理与服务中，并发挥越来越大的作用，忽视它的存在将失去城市持续发展的技术手段。也就是说，从技术角度来讲，数字信息城市及数字信息城市政府管理已经成为当前城市管理的一种新趋势。

（二）法治化

伴随中国经济体制改革，行政体制的改革正在掀起新一轮热潮，行政体制的改革并不是要否认政府的作用，而是将政府从"无限政府"向"有限政府"转变，确定政府行为规范，提高政府运行和管理效率。城市管理法治化在我国法律法规体系的不断发展和行政机构改革深化的推动之下，正朝发达国家的依法治市方向发展，从各地方城市管理地方法律法规的颁布和全国城市管理领域起草一部法律的呼声可窥一斑。

（三）国际化

经济全球化是当今世界发展的客观进程，是在现代高科技条件下经济社会化和国际化的历史必然。在经济全球化进程中，城市在全球经济中的作用凸显，城市管理在城市可持续发展中起着关键作用。世界城市化进程加快，城市越来越成为人类社会和经济生活的主体，城市的理念、城市的功能有了新的内涵，城市竞争力、城市形象设计、城市营销等概念不断冲击着现代城市的管理主体——各级城市政府、各类公共组织、各类企业及全体市民，国际化成为未来城市管理的一大趋势。

（四）社会化

管理的社会化指的是政府从一切社会能够而且应该承担的城市管理领域退出，保留和强化社会需要但又无法承担的城市管理职能，社会自治是城市管理能够达到的最高境界。现代城市管理要求政府机构和非政府组织、社会团体、社会各界和广大市民，发挥各自的主体作用，积极参与城市管理活动，使城市管理更加符合大众的利益与意愿，得到公众的支持与社会的监督，同时通过民主化、社会化管理，增加城市管理的透明度与科学性。

（五）专业化

城市管理专业化是指无论社会化还是市场化管理，以及政府的管理，都应由受过专业训练的专门人员来从事，其中相当一部分管理应由社会专业机构来组织实施，城市管理的专业化，可以使城市管理更加科学、规范和具有效率。

第三节 城市管理综合执法内涵依据

一、城市管理综合执法的基本内涵

城市管理综合执法是指一个行政机关及其执法人员为了实现国家行政管理的目的，根据法律、法规、规章规定，行使多个行政机关的职能及相应权力而进行的行政执法管理活动。城市管理综合执法具有法定性、灵活性、层次性、复杂性与艰巨性等特征。其作用是有利于完善综合执法的法制体系、提高综合执法的效率效能、优化综合执法的队伍素质。城市管理综合执法有五大基本理念，包括：执法管理的社会化、社区化、市场化、柔性化和信息化；有三大原则，包括：人本服务、公平公正和文明规范；其目标是：维护好城市建设发展的秩序和活力，建设和谐城市，从而保证全体市民，也包括城市外来人口，安居乐业、生活幸福、文明向上。城市管理综合执法，在运行体制上依然实行的是一种条块分割、多头管理、分别执法、分工合作的组织管理方式。随着改革的推进，在各部门内部，则形成了一系列的考评机制、奖惩机制、预防机制、应急机制、参与机制、沟通机制等新的管理运行机制和模式。

城市管理综合执法，就其性质而言，是属于城市政府依法对城市公共事务进行的一种公共行政性管理活动。在我国主要通过行使相对集中行政处罚权来实现。所谓相对集中行政处罚权，是指将若干行政机关的行政处罚权集中起来，交由一个机关统一行使；行政处罚权相对集中后，有关行政机关如工商、税务、公安、交通等就不再行使已经由一个行政机关统一行使的行政处罚权。所谓相对集中，是指部分执法权力的集中，不是全部权力的集中。相对集中行政处罚权制度，是依照《中华人民共和国行政处罚法》的规定而确立的一项法律制度，其中第16条规定："国务院或者经国务院授权的自治区、直辖市人民政府可以决定一个行政机关行使有关行政机关的行政处罚权，但限制人身自由的行政处罚权只能由公安机关行使。"

城市管理综合执法涉及城市管理的方方面面，管理的内容也十分复杂。城市管理综合执法的范畴，与其相对集中的政府各部门的行政处罚权是直接相关的，可以说，它相对集中的各部门的行政处罚权有多少，其管理的范围和内容就有多少。目前，全国各城市乃至城市中的各个区，相对集中的行政处罚权并不统一，有的较多，有的较少，这主要由各市、区根据城市管理需要而确定。

二、城市管理综合执法的法律依据

（一）《行政处罚法》的授权

相对集中行政处罚权制度是《行政处罚法》确立的。该法第16条规定："国务院或者经国务院授权的省、自治区、直辖市人民政府可以决定一个行政机关行使有关行政机关的行政处罚权，但限制人身自由的行政处罚权只能由公安机关行使。"这是我国第一次以法律的形式确认相对集中行政处罚权，它为改革我国的行政执法体制提供了法律依据，为相对集中行政处罚权的实施确立了框架。为了积极、稳妥地实施这一规定,《国务院关于贯彻实施〈中华人民共和国行政处罚法〉的通知》(国发[1996]13号)进一步明确要求:"各省、自治区、直辖市人民政府要做好相对集中行政处罚权的试点工作,结合本地方实际提出调整行政处罚权的意见,报国务院批准后施行。"这样,国务院以文件的形式正式将《行政处罚法》第16条概括为相对集中处罚权制度,并确定通过试点逐步推行这一制度。

城市管理领域相对集中行政处罚权试点工作,从1997年3月开始到2002年8月试点结束总计用了6年时间。这期间的法律依据主要是按国务院有关文件规定,23个省、自治区的79个城市和3个直辖市经批准开展了相对集中行政处罚权试点工作,并取得了显著成效。2002年8月22日,国务院确定试点工作的阶段性目标已经实现,为进一步在全国推行相对集中行政处罚权工作,依照《行政处罚法》的规定,下发了国务院《决定》[1],国务院统一授权省、自治区、直辖市人民政府可以决定在本行政区域内有计划、在步骤地开展相对集中行政处罚权工作。这期间执行的法律依据就是国务院《决定》[2]。这标志着全国开展相对集中行政处罚权的试点工作结束,相对集中行政处罚权制度正式在全国推行。在国务院《决定》[3]中,对开展相对集中行政处罚权工作的指导思想、处罚权的范围、决定开展的具体程序、工作要求都作了原则性的规定。

《行政处罚法》第16条对行政处罚权集中行使做出了原则性规定,这是一个授权性的法律规定。相对集中行政处罚权的行政机关成为处罚主体,要具备以下条件:

一是相对集中行政处罚主体必须经国务院批准或国务院授权的省级政府批准,国务院国发[2002]17号《关于进一步推进相对集中行政处罚权工作的决定》发布后,国务院授权省、自治区、直辖市人民政府可以决定在本行政区域内有计划、有步骤地开展相对集中行政处罚权工作,可由省级政府批准,无需国务院审批。

二是设立程序上,相对集中行政处罚主体是列入行政编制的有独立地位的行政主体,须按政府组织法规定的程序和有关法律规则设定,所需经费列入本机关的预算,由本级政府财政全额拨款,不得以收费、罚没收入作为经费来源。

三是在职权配置上,相对集中行使行政处罚的行政机关应当作为本级政府的一个行政机关,不得作为政府一个部门的内设机构或者下设机构。行政处罚权相对集中后有关部门不得再行使已统一由一个行政机关行使的行政处罚权,仍然行使的,做出的行政处罚决定一律无效。

(二)地方组织法的规定

2004年修正的《地方各级人民代表大会和地方各级人民政府组织法》第64条规定:"地方各级人民政府根据工作需要和精干的原则,设立必要的部门。"

---

[1] 国务院国发[2002]17号《关于进一步推进相对集中行政处罚权工作的决定》。
[2] 同上。
[3] 同上。

该条还规定，省级人民政府工作部门的设立、增加、减少或者合并，由本级人民政府报请国务院批准；县、市级人民政府工作部门的设立、增加、减少或者合并，由本级人民政府报请上一级人民政府批准。根据组织法的规定，对政府工作部门的设置应遵循两个原则，一是工作需要原则，二是精干原则。在行政管理过程中，为了正确而全面地对社会实行有序管理，可以设置必要的工作部门，而且其设置符合成本与效率的最优比率。目前，政府职能转变和行政管理体制改革尚未完全到位，机构臃肿、职责不清、执法不规范的问题相当严重，往往是制定一部法律、法规后，就要设置一支执法队伍。行政执法机构多，行政执法权分散的做法既增加成本也降低了效率，不符合组织法的机构设置原则。行政处罚权集中行使对于理顺行政管理体制，坚决克服多头管理、政出多门的弊端，切实促进政府职能转变，有重要作用。政府采取设立或指定某一工作部门的方式履行某一方面的行政管理职能，是组织法赋予地方各级政府的权利和义务。

城市管理综合执法概论

2 第二章 城市管理综合执法的历史与趋势

近几年，城市管理综合执法发展非常迅速，由最初试点城市的星星之火发展到现在全国的燎原之势。城市管理综合执法是提高城市管理法制化水平、构建城市管理长效机制的一种新型行政执法模式。《中华人民共和国行政处罚法》第十六条规定："国务院或者经国务院授权的省、自治区、直辖市人民政府可以决定一个行政机关行使有关行政机关的行政处罚权。"《国务院关于贯彻实施〈行政处罚法〉的通知》（国发[1996]13号）进一步明确要求"各省、自治区、直辖市人民政府要做好相对集中行政处罚权的试点工作，结合本地方实际提出调整行政处罚权的意见，报国务院批准后施行。"基于此，各地相继成立了城市管理（行政执法）局，简称城管（执法）局，行使的是相对集中行政处罚权，涉及市政、公安、工商、规划等多个部门，查处诸如擅自搭建、乱堆乱放、乱涂乱画、破坏绿化、擅自倾倒工程渣土等违章现象，但其处罚范围基本限定在市容环境卫生方面。

第一节　城市管理综合执法的历史沿革

一、城市管理综合执法产生的背景

（一）行政体制的改革背景

行政部门以实施对社会的管制为己任，是长期的"管理"本位行政传统和执法观念影响的结果，造成行政执法权划分过细、执法机构过多，实践中经常出现重复和多头执法或发生执法缺位的问题，在行政事务相对复杂的领域尤甚。行政执法机构众多，使官民比例扩大、国家行政支出负担加重，高额的行政成本负担以及对它的不间断维持，不仅颠倒了官民关系、有违实现行政民主，而且与执法者期望的行政效率目标也相距甚远，这就形成了与现代执法理念相悖的"警察国家"的不良形象，加剧政府与社会的矛盾。20世纪80年代的市场化改革开始挑战传统的政府权威和行政模式，在察觉到执法机构数量激增所带来的危害后，最初设计为由一个行政机关牵头、其他相关部门配合进行执法的方案。如1983年国务院发布的《城乡集市贸易管理办法》第3条规定由工商部门管理城乡集市贸易，有关部门与其互相配合。这一解决办法没有触及执法权分散、执法机构不统一的执法体制问题。其后，某些地方政府通过组建临时性或协调性的"综合"执法机构，如文化市场执法大队、清理整顿办公室等，试图对分散的执法权和执法机构进行体制内的调整。这种由众多职能部门参加的联合执法，实现了部分执法行动的统一，但执法主体并未统一，执法机构只起协调作用，对违法行为的处罚依法由所属执法主体决定，在部门利益驱动下，难以经常坚持，或因应付统一行动而忽视日常管理。还有些地方在某一行政部门内设立"综合执法大队"，如旅游局下设旅游市场综合执法大队等，此类机构通常将执法片面理解为处罚或强制等，常为"综合执法"之需突破本部门的行政权限，导致越权而违法执法，因而名不副实。

（二）行政处罚法颁布的法律背景

实行行政综合执法旨在解决城市管理领域中比较混乱的行政处罚行为，根源于行政机构精简和行政处罚执法法治化的要求。1996年《行政处罚法》颁布，为这项改革提供了法律基础进而使其发展迅速。

在执法机构越来越多、执法混乱愈演愈烈的情况下，规范行政处罚的立法出现了，因为行政处罚是现实中运用最严厉、最任意的执法行为。《行政处罚法》将处罚法定列为重要原则之一，就处罚主体和处罚种类来说，该原则包含的规则是：行政机关和授权公共组织只有在法律、法规赋予管辖权时，才能在自己的管辖权限内，对违反行政管理秩序的行为给予法律、法规设定的行政处罚，《行政处罚法》严格限定规章的作用。《行政处罚法》规定行政处罚的主体只能是行政机关或依据政府组织法设立的行政机关，和授权公共组织，上述规定与政府组织法律保持了协调，否定了临时性机构执法的合法性，尽管不能根本解决法律框架下的执法权过度划分及相伴的执法主体的各自为政，但是该法预留了对行政处罚执法进行改革的法律空间（这是处罚法定原则的例外），即《行政处罚法》第16条的规定："国务院或者经国务院授权的省、自治区、直辖市人民政府可以决定一个行政机关行使有关行政机关的行政处罚权，但限制人身自由的行政处罚权只能由公安机关行使。"

《行政处罚法》授权国务院在行政处罚方面进行试验，以提高行政执法效率，减少重复处罚，防止处罚环节的互相推诿。此后经授权的部分城市成立了城市管理综合执法机关，以自己的名义统一行使城市管理领域的行政处罚权。2000年《国务院办公厅关于继续做好相对集中行政处罚权试点工作的通知》（国办发[2000]63号文件）发布后，国务院授权的综合执法试点城市继续增加，试点范围是"专业技术要求不是很高"的城市管理及相关领域（市容环境卫生、城市规划、城市绿化、市政公用、环境保护、工商行政、公安交通管理方面）的全部或部分行政处罚权，以及部分强制拆除（不符合市容标准的违法建筑物或者设施）、收费（对临时占用公共设施和道路的收费）、管理（如市容方面的门前三包）职责。在地方政府机构改革的同时产生的行政综合执法机关，成为政府常设的职能部门之一。

二、城市管理综合执法产生的根源

城市管理综合执法的产生具有深刻的社会和经济根源。我国经历了由计划经济向市场经济的转型，社会生活和经济生活领域内发生了巨大变革。

1. 许多重要的职能从企业中剥离出来，公民个人与社会的关系由依赖单位、行业而因用人制度的改革而变得相对独立，个人与社区的关系转为亲密。

2. 从企业中剥离出来的部分社会职能以及随生活水平的提高而产生的许多新的管理的服务要求都由社区来承担，这使区域性的管理变得非常重要。

3. 政府职能相应也发生了变革，相当一部分城市管理的职能发生自上而下转移，如市容和环境卫生管理、市政设施管理、违法建筑管理、绿化管理、环保管理等领域的权力下放趋势尤为明显。

4. 行政管理体制由传统过分强调垂直性自上而下的"条"式管理以保障各项计划的执行变为强调"块"式的综合性管理。

5. 农村经济体制改革带来大量人口涌入城市等因素造成的社会流动人口的急剧增加等。

这一系列原因导致现代城市特别是大城市的管理出现了综合化、复杂化趋势，给传统的以专业管理为主的城市管理和行政执法模式带来了挑战。

首先，随着改革开放和社会发展，公共管理事务大量增加，政府部门相应分化分设，职权交叉现象日益明显，机构设置愈来愈专业化。再加上我国的法律法规主要是给行政机关授权，行政机关设置愈多愈细，法律法规也愈多愈细，行政执法相应也愈部门化、专业化。其不利因素就是发展到部门管理分割行业管理，专业执法职能变得非常狭窄，对一些综合性的"热点"、"难点"问题无法适应。

其次，由于行政相对人的行为往往涉及多个行政管理法律法规，导致多支专业行政执法队伍对同一个违法现象均有执法管辖权，重复执法、多头执法，被讽为"七顶大盖帽管不住一顶小草帽"。职责交叉的背后就是责任不明。针对违法现象，现实中多个行政执法主体都可以管，也可以都不管，造成执法权与利益相挂钩，存在大量以罚款、收费养人，甚至与违法相对人相勾结以维护自身利益的行为，形成大量的执法死角，成为城市管理顽疾。

再次，在执法方式上，由于职能单一，人员相对不足，加上长期形成的习惯，执法部门多采取联合的"运动"、"突击"式执法，缺乏长效性、规范化的管理，被称为"经常性工作突击做、突击性工作经常做"，执法极不规范。

第四，在执法行为上，由于暴力抗法现象存在，以及因专业分工，职能细化，容易导致执法力量分散，执法力度减弱，成本高，效能低，覆盖面小，执法难以到位。这一切都使综合执法的产生具有了深刻的现实依据。

三、城市管理综合执法的主要形式

从广义上说，所有的行政活动都可以被称为"执法"活动。"在一个法治国家，整个行政活动和司法活动在广义上都可以认为是'执法'"。[①] 然而，这里我们所称的行政执法，是指"行政机关以及行政执法人员为了实现国家行政管理目的，依照法定职权和法定程序，执行法律、法规和规章，直接对特定的行政相对人和特定的行政事务采取措施并影响其权利义务的行为"。[②] 而综合行政执法则又是行政执法中的一个特殊类型，它是指在行政执法过程中，一个执法主体同时行使多项执法职能或者两个以上的执法主体联合起来综合行使一项执法职能的行政行为，其主要表现为执法主体的混合和执法职能的混合。[③]

---

① 姜明安主编：《行政诉讼与行政执法的法律适用》，人民法院出版社1995年版，第6页。
② 杨惠基：《行政执法概论》，上海大学出版社1998年版，第2页。
③ 沈福俊：《综合行政执法若干问题探讨》，载华东政法学院法律系编：《跨世纪法学问题探研》，上海社会科学院出版社1999年版，第283页。

两个以上的行政执法主体联合起来综合行使一项执法职能的行为,一般被称为"联合执法",这不属于我们研究的对象。我们所研究的是一个行政执法主体依照相关规定同时行使多项执法职能过程中的相关法律问题,即"在行政执法过程中,当行政事态所归属的行政主体不明或需要调整的管理关系具有职能交叉的状况时,由相关机关转让一定职权,并形成一个新的有机的执法主体,对事态进行处理或对社会关系进行调整的执法活动。"[①]

由于《行政处罚法》规定了相对集中行政处罚权制度,国务院也多次发文决定在全国范围内开展相对集中行政处罚权工作,因此,将《行政处罚法》第 16 条规定的"相对集中行政处罚权"制度概括为实践中的综合执法已经得到社会的普遍认同。虽然我国于 2003 年 8 月 27 日颁布、于 2004 年 7 月 1 日起实施的《中华人民共和国行政许可法》第 25 条也规定了"相对集中行政许可权"制度,即"经国务院批准,省、自治区、直辖市人民政府根据精简、统一、效能的原则,可以决定一个行政机关行使有关行政机关的行政许可权。"但该项制度尚未实质启动。根据国务院的规定,首先启动以城市管理领域为突破口,进行相对集中行政处罚权试点工作。此后,试点阶段结束,实施相对集中行政处罚权制度在全国各个城市普遍开展。因此,目前所称的"城市管理综合执法",从实践层面而言,一般就是指城市管理这一特定领域中相对集中行政处罚权制度以及与其相关的制度。各地对这一称谓的使用不同,有的使用城市管理综合执法,有的使用城市管理监察,还有的使用城市管理行政执法,其实质就是城市管理综合执法。

四、上海城管综合执法的产生发展

(一) 发展过程

20 世纪 80 年代初,上海为满足城市建设和管理发展的需要,行政管理机构从 70 年代的 3 个猛增到 10 多个,然而几乎每立一部法就要建一支执法队伍,一时间随着行政管理机构的增加,各行政部门的专业执法队伍也大量涌现。在专业执法取得一定管理成效之下,条块分割造成的弊端也日趋明显。

上海城市管理综合执法现状复杂,自上而下的城市管理综合执法管理体制初建,市级城市管理综合执法机关于 2005 年建立,全市 19 个区县城市管理综合执法部门直至 2007 年 1 月才完成全部建立工作。分析上海城市管理综合执法的发展历程,笔者将其总结为三大阶段:

1. 横向探索发展阶段

第一阶段:20 世纪 90 年代初为横向探索发展阶段。这一阶段开展了改革城市管理体制和行政执法机制的探索,重点在区县级城市管理综合执法体制的整合建立。1993 年,在静安区试行综合执法试点的基础上,实行了巡警综合执法。自 1997 年始,市委确立了综合执法体制"三步走"的工作方针。据此,

---

① 关保英:《执法与处罚的行政权重构》,法律出版社 2004 年版,第 4 页。

同年上海市人大常委会修订了《上海市街道办事处条例》，在全市99个街道分别组建了街道监察队，实施简易程序的综合执法，为构筑基层综合执法为主的城市行政执法体系打下了基础。2000年7月市人大常委会通过了《关于在本市进行城市管理综合执法试点工作的决定》。2000年11月经市政府批准，本市的徐汇、黄浦、浦东三个区率先开展了城市管理综合执法改革的试点。将三个区原有的街道监察队、区市容监察支队、区路政监察中队、区绿化监察中队等四支执法队伍归并，组建区城管监察大队。承担市人大、市政府颁布的有关城市规划、房地、环保、工商、公安、市政、绿化、市容环卫管理的法规、规章中的部分行政处罚权。2001年4月市政府又批准卢湾、静安、闸北、普陀四个区为第二批城管综合执法改革试点单位。2002年1月市政府又决定将长宁、虹口、杨浦三个区扩大为城管综合执法改革第三批试点单位。2004年1月，根据《国务院关于进一步推进相对集中行政处罚权工作的决定》的要求，市政府发布了《上海市城市管理相对集中行政处罚权暂行办法》（市政府第17号令），以及《上海市人民政府关于本市开展区县城市管理领域相对集中行政处罚权工作的决定》（市政府[2004]第3号文件），将城市管理相关的市容、市政、绿化、工商、公安、环保、水务、建设、房地、规划等10个委、局实施的国家和地方的法律、法规、规章中的153项行政处罚权相对集中起来，转移给各区的城管监察大队组织实施。并将本市城管综合执法工作从试点阶段的10个中心城区向全市各区县推广。

这一阶段的探索停留在法治化的浅层次阶段，着重对行政执法体制的改革，因此城市管理综合执法的操作程序和依据都未统一，问题频出而解决力度较低，法规规章对实践的规范指引作用在这一时期显得比较薄弱，由于城市管理综合执法是新生事物，全国各地均处于摸索阶段，上海城市管理综合执法法治化的步伐受其行政管理体制的限制，滞后于城市管理发展的需要，直至2007年1月，嘉定、奉贤、南汇、崇明四个区县城市管理相对集中处罚权的城管综合执法队伍才完成建立，至此上海城市管理综合执法区县级执法部门全部建立完成。

2. 纵向探索发展阶段

第二阶段：2005年始，为纵向探索研究阶段。这一阶段重点是在市级城市管理综合执法体制建设的探索。2005年6月，市委决定并经中央编办批准成立上海市城市管理行政执法局。2005年6月27日市政府发布《上海市人民政府关于修改〈上海市城市管理相对集中行政处罚权暂行办法〉的决定》（市政府第41号令），以及《上海市人民政府关于本市开展市级层面城市管理领域相对集中行政处罚权工作的决定》（市政府[2005]年第20号文件），决定从2005年8月1日起在本市的市级层面实施相对集中行政处罚权。同时又新增16项行政处罚权转移到城管执法部门。自此，本市的市、区县、街道镇三个层面的城管综合执法体制初步形成，上海市城市管理综合执法体制进一步完善。

这一阶段，上海市自上而下的城市管理综合执法管理体制初建，市级城市管理执法部门在区县城管综合执法队伍已经建立的基础之上设立，使得其权威性在实际工作中难以确立，对城市管理综合执法的指导工作开展造成了一定影响，因此城市管理综合执法的法治化在这一环节仍滞后于实际需要。

3. 动态 T 型发展阶段

横向发展阶段和纵向发展阶段由于多重因素综合影响，皆存在遗留问题，我们倡导开创上海城市管理综合执法发展的新阶段，笔者将其定义为动态 T 型发展研究阶段，即横向的广度法制化和纵向的深度法制化随上海城市管理综合执法的实时需要不断发展。这一阶段的法制化需要以城市管理综合执法体制改革稳定为基石，以城市管理法律法规的完善为保障。既有的成果为新阶段的发展奠定了良好的基础，但是上海市城市管理综合执法本身的纷繁芜杂使实务操作问题频出，而地方立法的相对滞后客观阻碍了城市管理综合执法法制化发展进程，这使新阶段发展的建议具有现实和理论意义。

（二）法制现状

上海自实施城市管理领域综合执法以来，加强了对城市管理综合执法法制的研究，城市管理综合执法法制工作开始走上了制度化、规范化的轨道。

在城市管理立法方面，上海经过多年的努力，到目前为止共制订了14件地方性法规、30余件地方性政府规章和规范性文件，取得了显著的成就。其中，上海市人大制订了《上海市市容环境卫生管理条例》、《上海市城市道路桥梁管理条例》、《上海市公路管理条例》、《上海市植树造林绿化管理条例》、《上海市住宅物业管理规定》等地方性法规；上海市政府制订了包括《上海市城市管理相对集中行政处罚暂行办法》、《上海市行政处罚听证程序试行规定》、《上海市户外广告设施管理办法》、《上海市建设工程文明施工管理暂行规定》、《上海市空调设备安装使用管理规定》、《上海市临时占用城市道路管理办法》、《上海市取缔无照经营和非法交易市场暂行规定》、《上海市外滩风景区综合管理暂行规定》、《上海市陆家嘴金融贸易中心区综合管理暂行规定》、《上海市人民政府关于做好本市生活无着的流浪乞讨人员救助管理工作的通知》等32个地方性政府规章，内容涉及市容环卫、市政工程、绿化、水务、环保、工商、建设管理、房地产管理、城市规划管理、拆除违法建筑等11个领域，基本做到了与国务院城市管理相对集中行政处罚立法相配套和同步，为上海市的城市管理发展提供了强有力的法制保障。

在城市管理执法方面，上海紧密结合行政体制和城市发展的实际，适应城市管理"两级政府，三级管理"发展需要，强化政府管理职能，促进形成规范化管理环境。2000年12月起开始在中心区分批开展城市管理综合执法，2004年2月市府颁布了《上海市人民政府关于本市开展区县城市管理领域相对集中行政处罚权工作的决定》使城市管理综合执法在全市各区县铺开。2005年6月，市府颁发《上海市人民政府关于本市开展市级层面城市管理领域相对集中行政处罚权工作的决定》，成立市城市管理行政执法局，其下设上海市城市管理执法总队，受市城管执法局委托，承担相对集中行政处罚权工作的具体事务。根据《上海市人民政府关于本市开展市级层面城市管理领域相对集中行政处罚权工作的决定》，市城管执法局负责查处在全市有重大影响的；涉及市管河道的；需要集中整治的；法律、法规、规章规定应当由市级行政机关负责查处的城市管理综合执法案件。区县城管执法部门负责查处在本辖区内发生的违法行为。综合执法队伍成立以来，按照市委、市政府要求，发挥综合执法优势，突出执法重点，不断加大城市管理执法力度，取得了显著成绩。

(三) 工作机构

根据国务院《关于进一步推进相对集中行政处罚权工作的决定》精神及中央编委的批复，市委、市政府正式决定，在市市容环卫局增挂"上海市城市管理行政执法局"（以下简称市城管执法局）的牌子，实行"两块牌子，一套班子"，并在市政府审议通过的《关于本市开展市级层面城市管理领域相对集中行政处罚权工作的决定》及《关于修改〈上海市城市管理相对集中行政处罚权暂行规定〉的决定》中明确：市城管执法局是负责全市城市管理相对集中行政处罚权工作的行政机关，具有独立的行政执法主体资格。同时，撤销上海市市容监察总队、上海市园林绿化监察大队，整合市市容环卫局下属的行政执法机构，在市城管执法局下设上海市城市管理综合执法总队（以下简称市城管执法总队），定位为行政事务执行机构，受市城管执法局委托承担相对集中行政处罚权工作的具体事务，实现了新机构、新职能、新配置，明晰了职责和权限。区县城管执法部门负责查处在本辖区内发生的违法行为。

1. 市城市管理综合执法协调机构有：

(1) 市城市管理综合执法工作联席会议

(2) 市建设和交通委员会

2. 市城市管理综合执法机构有：

(1) 上海市城市管理行政执法局

(2) 上海市城市管理执法总队

3. 区（县）城市管理综合执法机构有：

区（县）城市管理行政执法局、大队。就上海城管执法部门主体资格的确认分析，上海城管综合执法体系分为市、区两个层面。市级层面的综合执法单位有上海市城市管理行政执法局和上海市城市管理执法总队。根据《上海市人民政府关于本市开展市级层面城市管理领域相对集中行政处罚权工作的决定》及《上海市城市管理相对集中行政处罚权暂行办法》的规定，市城管执法局是负责全市城市管理相对集中行政处罚权工作的行政机关，具有独立的行政执法主体资格。在行政处罚实施主体分类上，属于法定的行政机关。市城管执法局所属的市城管执法总队受其委托，以市城管执法局名义对外行使城管综合执法权，是行政事务执行机构。市城管执法总队不具有独立行使行政处罚权的主体资格。在行政处罚实施主体分类上，属于法定的行政委托组织。可见，市级层面城管执法机构的设置是完全符合《行政处罚法》和国务院《关于进一步推进集中行政处罚权工作的决定》相关规定的。

至于区县级层面的执法机构为区县城市管理监察大队，在 2004 年之前，它的性质定为具有管理公共事务职能的事业单位。之后市政府的有关文件将其性质改为行政事务执行机构，机构性质仍为事业单位，没有向行政事务执行机构过渡，实际执法中仍被视为一般事业单位。这显然违背了市政府有关文件的精神，与其承担的职责显然不相符，给工作带来不利。事实上，即使是行政事务执行机构的定位也是不符合《行政处罚法》和国务院《关于进一步推进集中行政处罚权工作的决定》规定的，行使相对集中行政处罚权的主体应当是行政机关。区县城管监察大队作为行政事务执行机构，虽然其日常管理、行政编制等都是参照行政机关的管理办法进行操作，但其地位仍然是与行政机关不同的。区县人民政府应当建立区县城管执法局，其性质应当是区县行政机关，这样才能与市城管执法局一样，都具有城管综合执法的主体资格。

第二节　城市管理综合执法的发展趋势

一、城市管理综合执法发展的主要特征

任何社会组织都是由人、物、信息等要素组成的系统，任何管理都是对系统的管理。城管执法也不例外。城市管理综合执法的主要特征表现为：

（一）综合性

从古到今，随着城市的发展，城市管理的发展，城管执法也相应发展。与历史上的城市管理相比，现代城市管理最大特点是从内容到目标都体现了综合性。

起初执法管理的对象是人、财、物、生态四大要素，后来又加上了信息和时间，现在又包括了城市文化和管理方法。这些管理内容和要素互联互动，任何一个要素的发展变化都会引起其他方面的一系列转变。如果其中某个要素没有相应变化，管理的整体水平就会受到影响。比如现在不少城市硬件设施、特别是城市建筑雕塑等都非常精致漂亮，但是被毁坏的现象普遍相当严重，其中一个主要原因，就是城市文化管理落后于基础设施的建设管理，市民素质落后于物质文明的发展。所以，提高城管执法整体水平就必须综合考虑到方方面面的因素。我们倡导亲和互动的管理模式，就是对当前城市管理意识、城管法治氛围不足这一城市管理"短腿"的积极回应。

传统的城市管理执法以管理主体为中心，一切都从管理者的意愿出发，表现为单一目标追求。现代城市是多元化的社会，管理执法工作要兼顾多个群体多样化的利益追求，需要一个综合考虑的目标。比如，对无照流动商贩的执法管理，从大部分公众和合法经营商家的利益出发，对无照商贩应当予以无条件取缔；而从无照流动商贩本身——主要是外来人员、本地失业人员、无业人员以及一部分低收入群体的利益出发，应首先考虑解决他们的就业出路、社会保障等问题，并进行必要的规范疏导，而不是一味地堵塞。对这样一个综合性的问题，事实上绝不是哪一家管理或执法部门能够单独解决的，需要市政府或

一个权威的牵头部门来综合平衡目标和措施,系统加以解决。

(二) 整体性

从科学分类的角度来说,城市管理属于一个完整的行政管理事项。对于该事项应当由一个或几个行政管理主体来行使职权。如果由若干主体来行使管理职能,那么各主体的行为应当是协调一致的。但事实上,管理机构体系及其行政管理过程中目标不一致、行动不协调的现象十分严重。虽然各主体对城管执法中的具体问题都有交叉职能,但由于职权重点、价值认识、行动步骤等的不同,在确定目标和制订措施时很难做到整齐划一,而目标多头化必然导致行政管理和行政执法的分散化,也难以体现整体效果。特别是审批权和处罚权分离后,相关行政主管部门和城管执法机构之间的相互配合、协作问题,是制约管理和执法成效的重要因素。执法局相当于足球场上的守门员,是把守大门的最后一个关口,但不是唯一的关口。前锋后卫的攻守进退、围追堵截,加上守门员的前挡后接,才能力保球门不失,否则,守门员势必陷入孤立无援的困境。所以,主管部门和执法部门都必须摒弃"单打独斗"的做法,确立资源、信息共享,力量整合的观念。

(三) 集合性

如果把整个城市管理看作是一个大系统,城管执法应当是大系统的子系统。但这个子系统内部又是一个个子子系统的集合,富有层次性。大小各系统既相对独立又相互关联,每一级都有不同的目标与活动。越到下一层级,总目标越被转化为具体的作业目标。

根据城管执法系统的上述特点,要管理好城市具体事务,首先要制定适宜的目标。理想的城市管理目标制定过程应当是自上而下,制定综合性的目标和政策,再由相应的管理主体进行分解和实施。而实际的状况往往是自下而上在确定目标和措施,有时甚至是各不相干,协调和统一的难度可想而知。作为一个系统,各子系统有着同一的目的和功能。大多数情况下,局部和整体是一致的。但在现实情形中,局部之间不协调,互相扯皮经常发生。各子系统之和未必能达到最佳效果,有时候甚至损害全局利益。我们既要保证全局整体利益,又要发挥各子系统的积极性。如在实行执法队伍重心下移过程中,市级层面对区级层面实行双重领导,重点是业务领导;区级层面又对派驻街道乡镇执法队伍实行双重领导,重点是队伍建设和业务领导,下放日常指挥权;既要强化区块之间的联系,又要保持行政执法权的相对独立和集中,同时要建立完善的监督制约机制。这样才能对城管执法事务进行有效的管理。

随着城市现代化进程的加快,制约城市发展的因素增多,城市决策和管理难度也越来越大。要解决愈来愈复杂的城市管理问题,很大程度上要靠现代化的管理方法和手段。城市管理的科学化既是一个大趋势,也是一个大难题,它要求城市管理者密切关注社会和科技的急剧变化,积极探索和引进科学管理方式以适应现代化城市的管理需要。

二、城市管理综合执法发展的主要趋势

（一）城市管理综合执法体制进一步完善

实行相对集中行政处罚权在一定范围内进行了管理权、审批权与监督权、处罚权适当分离的探索。按照行政管理科学化、法制化的要求，管理权、审批权与监督权、处罚权分别由不同的行政机关行使有利于在相关的行政权之间保持一定的制约关系，防止行政权力的滥用。实行相对集中行政处罚权以后，初步实现了管理权、审批权同监督权、处罚权的适当分离不仅加强了监督处罚的执法力度也对管理权、审批权的行使起到了一定的制约监督作用。管罚的分离，权力的相互制约和发展才能形成城市管理综合执法的良性互动。

（二）城市管理综合执法的举措进一步优化

依法行政能保证行政管理的统一，有了统一性，才能有公平和公正。保证城市管理综合执法有统一的标准和程序才能促进依法行政落到实处。人民通过权力机关制定法律，表达意志，行政机关依法行政，从而保证行政管理遵循为人民服务的目标，实现立法、执法、监督、技防、群防并举，使行政管理航道不偏、效率提高。

（三）城市管理综合执法的手段更加现代化

1. 先驱城市信息化发展概况

（1）北京

北京市作为我国第一个实行城市管理相对集中改革的城市，在"十五"期间相继公布实施了《北京市城市管理综合行政执法机关数字集群无线政务专网管理规定》、《北京市城市管理综合行政执法机关图像监控信息系统管理规定》及技术标准，为推进城市管理信息化工作的顺利实施提供了标准和规范上的支持。2001年开通了城管热线并于2003年、2005年进行了改造；2004～2005年间先后进行了市、区城管纵向政务专网联通，城管公众网站群，城管办公内网，城管执法人员资格管理系统，图像监控系统及移动指挥系统，视频会议系统，执法/督察业务管理系统，考核测评系统等信息化项目的建设与应用。2005年，北京市城市管理综合行政执法局编制了《全市城管信息化建设暨数字城管建设纲要》，明确了以"三个基础性建设、五个应用系统、三个信息资源的开发和利用、一个创新工程"为目标的2008年奥运会前以及远景发展的城管执法系统的信息化建设任务。

（2）杭州

2001年杭州市城市管理行政执法局成立后，初步建了OA办公系统和投诉中心，之后这两个系统在2004年城管信息中心成立后进行了更新和完善。从2001年起，城管执法局先后投入了2000万元，由信息中心主持实施了杭州市城市管理"数字执法"项目中路面监控系统、执法通系统和文明卡系统的建设，并对网络信息管理系统、城市管理行政法网进行了改造和升级，实现了市、区、街道三级城管执法单位的网络接入，致力于城管信息资源的开发和应用，尝试了"执法通"手持终端与后台资源数据库的互联，初步建成了城管系统资源信

息交换的平台,实现了移动执法和移动办公。

(3) 深圳

2002年4月,深圳市城市管理行政执法局制订了《深圳市城市管理信息化建设"十五"规划》,共规划了涵盖市、区、镇(街道)三级城管部门的城管广域网、城管网站体系及公文流转系统、综合信息查询与决策系统等15个业务应用系统。规划在"十五"期间全面指导深圳城管系统的信息化建设。

《深圳市城市管理信息化建设"十五"规划》出台后,深圳市城市管理行政执法局开展了大规模的城管信息化建设,一是规范管理流程,为信息标准化奠定基础;二是集中人力和财力投入软件开发、系统集成、信息资源共享等工作。2003年初,深圳市城市管理行政执法局向原建设部申报了"深圳城市管理数字化示范应用工程"并获得立项。经过两年的建设,规划的大部分建设项目均已建成并投入使用,目前已建成涵盖市、区两级城管部门的城管广域网,建成了以市城管办网站为核心、各专业网站为骨干、由16个网站组成的城管网站体系,开发了公文流转系统、综合信息查询与决策系统、道桥养护管理系统等12个系统。并在多种系统集成和资源广泛共享方面取得了实质性突破。这些系统目前均已投入应用,其管理效益、社会效益及经济效益正逐步显现。路灯管理系统、绿化管理系统等应用系统投入使用后经济效益显著,其研发成果已先后获得深圳市科技进步三等奖、二等奖。其他系统亦正在申报国家科技进步奖及深圳市科技进步奖。

2. 信息化在城市管理综合执法工作中的发展趋势

(1) 计算机网络技术将在执法中被更加深入广泛地应用。计算机网络技术作为计算机技术与通信技术相组合的专门技术,在城管系统中应用的政务专网、城管局域网、城管网站体系、基础台账系统、网格化管理系统等都是在计算机和网络技术的支持下将分布在不同地理位置、功能独立的多个计算机系统、网络设备和其他信息系统互联,以功能强大的网络软件、网络协议、网络操作系统等为基础所实现的资源共享和信息传递。

(2) 视频监控技术将在执法领域实现"全方位、全覆盖、全天候"。目前城市监控系统还不完善,有相当一部分的监控系统未与城管部门共享。随着视频监控技术发展,城市监控系统的完善,社会公众对城管执法工作的认同,以及视频监控技术在执法中的地位日益重要,视频监控技术在城管日常执法中的深度应用,将有力地推进执法工作效率上一个台阶;而且如果视频监控技术在执法中运用得当,定能实现执法领域的"全方位、全覆盖、全天候"。

(3) 执法巡查、处罚和取证工作越来越多地依靠信息化手段。城管执法队伍的工作量大、难度高,在执法过程中碰到的取证难、处罚难从而造成效率低下的情况不在少数。借助信息化手段,城管执法队伍利用网络实时查询、有效取证、即时处罚等多种方法,可以较好地解决以上存在问题,对于提高执法效率、达到有效处罚等各方面都有显著的提升作用。

三、上海城市管理综合执法的成功经验

（一）实现了执法主体的唯一性

在一定程度上划清了专业执法与综合执法的界限。城市管理综合执法队伍集中行使行政处罚权后，原相关行政机关不再行使这些行政处罚权，保证了执法主体的唯一性和不交叉性。

（二）实现了执法体制的统一性

突出了"两级政府、三级管理"体制，发挥区一级政府在城市管理中的主体作用，并相应明确了执法重心下移到街道一级、组建街道城管执法队伍。

（三）实现了执法职能的综合性

综合执法职能和职权范围涵盖较广。执法力度、覆盖面及实效性大大增强，克服了一些传统的老大难问题。

（四）实现了执法行为的公正性

城管综合执法队伍在经费方面全部纳入财政预算。罚没款项全部上缴财政，执法行为与部门利益、个人利益全部脱离，从制度上杜绝了乱罚款、乱收费、乱摊派等现象。

城市管理综合执法概论

3 第三章 城市管理综合执法的性质、特征与内容

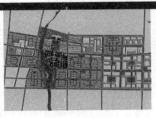

城市管理是一个系统工程。尤其是在市场经济条件下，国家对城市秩序的有效管理不但体现了政府管理的法治水平，更是城市文明、城市精神的体现。严格意义上说，城市管理综合执法的内容并不完全局限于相对集中行政处罚权领域，它应当是指国家为了实现对城市秩序的有效管理所采取的综合性执法措施的总称。具体说，是国家在城市管理过程中，解决多头执法、重复执法问题，而依法赋予一个执法主体对城市范围内，对原本属于各个行政执法主体所管辖的行政事务进行综合性的统一管理和调整，从而实现加强城市管理，提高城市管理行政执法效能目的的执法行为。城市管理综合执法是提高城市管理法制化水平、构建城市管理长效机制的一种新型行政执法模式。

第一节 城市管理综合执法的性质

一、国外的城市管理执法

国外发达城市的城市化水平相对较高，原有的城市基础设施配套齐全，人口密度相对较小，城市规划比较合理，城市管理法规健全，信息化程度和市民素质较高，一般都能遵守各类法律规章，城市管理相对比较容易。因此，没有建立类似我国的城管执法机构或队伍。他们国家的城管执法有些内容大都被这些国家的警察及市政管理机构分担。

虽然国外城市管理表面上看似没有专门的部门管理，但市民同样都受到城市管理相关法规的约束，遇到违法行为，立即报警，通过警察处理大部分城管执法的事项。另外，国外各大城市的电子监控系统非常完善，利用高科技手段，能够进行自动识别、追踪、记录和分析，使整个城市都处在一个巨大网络的监督之下。

在我国，近年来随着市场经济的发展，政府职能转换改革的进行，在城市管理体制方面出现了综合执法的趋势。城市管理综合执法是提高城市管理法制化水平、构建城市管理长效机制的一种新型行政执法模式。

二、城市管理综合执法的性质

要理解城市管理综合执法的性质，需要先厘清何谓城市管理：

1. 城市管理。可以从广义和狭义两方面来理解此概念。广义的城市管理指城市存在和运营的各个方面的管理，大到城市经济的管理、城市社会管理、城市建设管理和城市公共事业管理；小到乱吐乱扔，随地便溺管理都涵盖其中。从管理的事项内容看，包括以下几个方面：由城市财政管理、市场管理、房产管理等构成的城市经济管理；由城市人口管理、社会治安管理、社会保障管理等构成的城市社会管理；由城市教育管理、科技管理、文化管理、卫生管理等构成的城市公共事业管理；由城市环境保护、市容管理等构成的城市环境卫生管理以及城市规划管理、城市基础设施建设管理等。狭义的城市管理主要指政府部门对城市的公用事业、公共设施等方面的规划和建设的控制、指导；它通常包括城市规划管理、市政设施管理、环境卫生管理、园林绿化管理、公共秩序管理、生态保护管理、公用事业管理等。本书以狭义城市管理内容为研究对象。

2. 城市管理综合执法。又称城管监察，城市管理综合执法是指城市管理行政主管部门依据城市管理法律法规处理职权范围内的纠纷案件、查处违反城市管理法律法规行为的执法活动。

城市管理综合执法的对象，是因参与城市管理相关范围内的活动而具有一定权利义务的机关、团体和公民，这里的机关不是指从事行政行为的机关，因为城市管理综合执法作为城市管理部门的城市管理执法活动，无权干预和管理其他国家机关的行政行为。

城市管理综合执法是具体的执法活动，是城市管理执法机构对在该机构管辖范围内的管理相对人之间的纠纷，或相对人的违法行为进行处理的活动。

城市管理综合执法的基本内容是相对集中行政处罚权，所以目前我国的城市管理综合执法只是城市管理行为中的特定范围综合执法行为。相对集中行政处罚权是指，在某一管理领域由一个行政机关或具有公共管理职能的组织在法律的授权范围内或者根据其他行政机关的委托，依照法定程序，对一定范围内行政事项行使多个行政机关法定的行政处罚权的执法制度。简而言之，就是按照法定的程序将城市管理若干个行政主体的行政处罚权集中起来交由一个行政主体统一行使。行政处罚权相对集中以后，其他行政主体就不再行使原本由这个行政主体行使的行政处罚权。城市管理综合执法是我们国家在城市管理领域中的一种新的执法形式。

第二节 城市管理综合执法的特征

一、是对执法权行使主体资格的重组

任何一种行政权的行使，任何一个行政行为的做出都与一定的行政主体有关，而一个具体行政行为合法与否，要看实施该行政行为的主体是否合法，这是行政行为合法的前提条件。城市管理综合执法是把行政执法权进行横向集中之后，交由一个新的行政执法机关来行使，原来的行政执法机关就不再行使集中后的行政处罚权。

城管综合执法机关必须是合法成立的行政机关，应当依法拥有独立的行政职权，能代表国家，以自己的名义行使行政职权以及独立参加行政诉讼，并能独立承担行政行为效果与行政诉讼效果的行政机关。依照国家开展相对集中行政处罚权的要求，对相关行政机关的行政权进行重新配置，将一部分行政处罚权相对集中起来交由城管综合执法机关统一行使，城管综合执法机关因此获得了这部分行政权能，在行使职权时可以自己的名义运用行政权力，也可以独立身份出现并承担相应的法律效果。而且城管综合执法机关应当作为本级政府的一个行政机关，不得作为政府一个部门的内设机构或者下设机构。城管综合执法机关作为新的处罚主体取代了原来的行政处罚主体，获得了执法主体资格，

并在执法过程中以单一的行政机关出现，合法地取得了单一行政主体的资格。行政处罚权相对集中后，有关部门不得再行使已经由城管综合执法机关行使的行政处罚权；仍然行使的，做出的行政处罚决定无效。

二、是一种避免行政职能交叉的执法

依据职能法定的原则，行政执法是行政主体本职能范围内的执法。一个行政主管部门全面行使一个行政管理领域的行政权，其中包括决策权、审批许可权、检查处罚权、监督权。一方面，每个行政管理领域的行政执法权，都由特定的行政主管部门来行使，其他机关无权过问；另一方面，每个执法机构都只能行使一个行政管理部门的行政执法权，涉及其他领域的违法行为则因职权法定原则的限制而无权过问。例如，规划行政部门执行规划系统的管理法规，房地产行政主管部门执行房地产系统的管理法规等。而在面对涉及多个领域的违法行为，这种执法体制必然导致执法多层、多头执法、重复处罚等现象。城管综合执法则不同，它将行政执法权从各行政管理领域中分离出来，然后将行为目的、活动规律基本相同，管理客体和对象基本属于同一类的职能集中起来，避免职能交叉，进行统一监督管理。由于各行政主管部门的职能不同，在整个执法过程中显示出了强烈的职能交叉属性。具体而言，此种职能交叉主要体现在两个方面，一个方面是某些违法行为没有明确的归类标准，很难将其归入某一个具体的现存部门中去，诸如无证设摊、乱张贴小广告等现象就同时违反了多个行政管理规范。另一个方面是为了执法行为的方便，又将若干违法行为，或违反若干法律规范的行为集中在一个机构之下处理。这对现代行政机关的职能划分提出了新的课题，以往，国家是根据"单一目标管理"的原则划分政府的职能，形成了政府的各个管理部门，即一个行政目标或一项行政职能只能由一个行政机关来管理。但由于实践中往往是"立一部法，设立一个主管机构"，长期以来便形成了行政执法机构膨胀、职权交叉重复的现象。产生这种现象的原因之一便是以往的行政机构改革中人们更多地关注行政机关的调整问题，而没有对主体的行为进行研究并在制度上进行组合，从而避免行政执法交叉。城管综合执法机关的设立应当区别于以往行政机关的设立，它首先将职能交叉、重复、相近的执法权进行综合，这样相应设置的城管综合执法机关，在一定程度上可以避免行政机构的膨胀和相互职能的交叉。

三、是一种权力转让性质的执法

行政职权是行政权的具体化，属于权力的范畴，因此不可自由处分。没有法律依据并经法定程序，行政主体不能增加、减少、放弃或转让行政职权。按照现代行政职权法定理论，法律、法规明确授予某一行政机关的权力，行政机关是无权转让的，由于法律、法规对行政权力的设定不可能面面俱到，而且法律、法规又具有相对稳定性，不可能经常修改，便需要行政机关在必要的情况下对已经设立的行政机构体系的职权，对已经规定的行政管理过程进行整合，也就是传统理论中的行政授权。城管综合执法是对传统行政法学原理中职权不可转让的否定。同时，法律规范中的依法转让具有严格的规定，必须是法律、法规明文规定下的转让。《行政处罚法》第16条规定明确由国务院或国务院授权的省、自治区、直辖市人民政府统一调整和重新配置行政处罚权，是城管综合执法的直接法律依据。同时根据地方组织法的规定，我国的地方各级人民政府对其所属行政部门的设置有权做出调整。正是法律、法规有关于行政机构合并、设立等相应的规定，才使城管综合执法机关能够实施一种权力转让性执法。

四、是一种具有特殊法律地位的执法

与一般行政执法相比，城管综合执法具有比较特殊的法律地位。这种特殊性的最明显标志就是城管综合执法是一种多位权力组合的执法形态，即城管综合执法的权力不是来自于政府一个行政管理部门的单一性权力，而是来自于市容环卫、市政工程、绿化、水务、环保、公安、工商、房地资源和规划等多个行政管理部门的多位权力的组合，从而形成了一个相对集中的城管综合执法机关的权力。正是由于权力来源的不同，所以法律、法规在规范城管综合执法时常采用比较特殊的规定，城管综合执法也因此具有比较特殊的法律地位。例如，城管综合执法的主体应当通过特殊程序认可。尤其是改变行政处罚权的分工必须由国务院或者经国务院授权的省、自治区、直辖市人民政府决定，其他机关无权决定。这表明城管综合执法在授权程序上具有一定的特殊性。然而，城管综合执法的法律地位比较特殊并不意味着城管综合执法主体的法律地位比一般行政执法主体高出一筹。城管综合执法主体仍然和其他行政机关一样具有同样的行政主体地位，他们在主体资格上是平等的。

五、是一种常态化的城管综合执法

在行政处罚权相对集中之前，为了解决城市管理领域"大盖帽满天飞"而又执法乏力的弊端，各城市采用过多种方法对城市管理行政执法体制进行变革。从初期的联合执法、全面突击，到后期的所谓综合整治、重点整治，这些方法具有共同的特点：执法机关在形式上是松散型联合，管理方式采取临时性的突击整顿。这种联合执法的形式并没有从根本上改变城市管理领域执法权分散和职权重合交叉的状态。相反，这种临时性和运动式的执法方式无法维持经常性的管理要求，极易产生短期行为，导致"整治－回潮－再整治－再回潮"的恶性循环。城管综合执法不同于联合执法，它是由城管综合执法机关，针对城市中发生的违法行为做出统一的处罚决定，能够解决好行政执法中存在的多头执法等问题。不易出现联合执法可能出现的突击执法，权力交叉、责任不清、执法扯皮等问题。因此，城管综合执法绝不是临时性的执法尝试，而且是一种具有生命力的执法模式，在实践中必定会趋向日常化。随着我国行政体制改革的深入，城管综合执法必将会越来越完善，最终是一种成功的城市管理综合执法模式。

第三节 城市管理综合执法的内容

一、现有的执法范围

目前,关于城市管理综合执法范围问题,全国各地规定不一。依据国务院文件精神,城市管理综合执法主要包括八个方面:

1. 市容环境卫生管理方面的法律、法规、规章规定的行政执法职能。
2. 城市规划管理方面法律、法规规定的全部或部分行政执法职能。
3. 城市绿化管理方面法律、法规、规章规定的行政执法职能。
4. 市政管理法律、法规、规章规定的行政执法职能。
5. 环境保护管理方面法律、法规、规章的部分行政执法职能。
6. 工商行政管理方面法律、法规、规章规定的对无照摊贩的行政执法职能。
7. 公安、交通方面法律、法规、规章规定的对侵占城市道路行为的行政执法职能。
8. 城市其他方面的行政执法职能。

根据上述规定,除少数地方作了少于七个方面的限制性规定,大多数地方作了扩张性规定。

沈阳市集中了土地、建筑市场、施工、房地产开发建设、建筑材料应用管理、殡葬、自来水、燃气、公共交通、出租车、文化市场、人防工程等方面的行政处罚权。

广州市城管综合执法支队执法任务包括市容环卫、城市规划、城市绿化、市政管理、环境保护、无照商贩、交通占道、建筑施工、城市路灯照明、建筑行业劳保、国土房地产、人防工程、无证行医及市政府赋予的其他职责等15个方面106项城市管理行政执法权。

北京市执法范围涉及了公用事业管理、燃气管理、供水管理、节水管理、停车管理、出租车管理、建筑施工现场管理、河湖管理、房屋国土管理、人防工程建设等全部或部分行政处罚权。北京城管执法组织享有的行政处罚权,已经由改革之初的五个方面共94项,增加到十四个方面308项。深圳等地更是实行了跨系统、跨行业综合执法。执法范围包含了城市管理、环境卫生、文化市场、房屋租赁、旅游市场、劳动管理、计划生育等七大领域。

上海市城市管理行政执法局行使与城市管理相关的市容、市政、绿化、工商、公安、环保、水务、建设、房地、规划等10个委、局实施的国家和地方的法律、法规、规章中的167项行政处罚权;浦东地区除行使以上规定的与城市管理相关的行政处罚权外,还进行了更宽领域的执法试点工作。

《上海市人民政府关于本市开展市级层面城市管理领域相对集中行政处罚权工作的决定》及《上海市城市管理相对集中行政处罚权暂行办法》明确了新设置的市城管执法局将全面行使城市管理综合执法职责。

市、区县城管执法部门履行的职责包括:

一是，市容环境卫生管理方面法律、法规和规章规定由市和区县行政机关和法律、法规授权的组织行使的行政处罚权。

二是，市政工程管理、绿化管理、水务管理、环境保护管理、公安交通管理、工商管理、建设管理、房地产管理和城市规划管理等方面法律、法规和规章规定由市和区县行政机关和法律、法规授权的组织行使的部分行政处罚权。

三是，市人民政府规定的其他方面的行政处罚权。

相对集中行政处罚权的范围是以市容市貌为主要内容，具体涉及市容环境卫生管理、市政工程管理、水务管理、环境保护、公安交通管理、工商管理、建设、房地产管理、城市规划管理及拆除违法建筑等多方面职责。

修正后的《上海市城市管理相对集中行政处罚权暂行办法》，还对原先城管综合执法的范围进行了修改，并做出了适当的扩大：

一是，在环境保护管理方面，执法范围从未经批准的夜间建筑施工，造成噪声污染的违法行为，扩大到未经批准或者未按批准要求从事夜间建筑施工，造成噪声污染的违法行为。

二是，在工商管理方面，执法范围从占用道路无照经营的违法行为，扩大到占用道路无照经营或者非法散发、张贴印刷品广告的违法行为。

三是，在房地产管理方面，根据上海市人大常委会通过的《上海市住宅物业管理规定》，为进一步理顺综合执法和专业执法的职责分工，加大了对违反物业管理行为的整治力度，执法范围从在物业管理区域内的道路或者其他场地擅自搭建建筑物、构筑物的违法行为，扩大到在物业管理区域内的公共绿化、道路或者其他场地擅自搭建建筑物、构筑物，破坏房屋外貌的违法行为。

四是，在拆除违法建筑方面，执法范围从原来只适用于违反城市规划管理的违法建筑，扩大到也可适用于违反房地产管理的违法建筑。

五是，扩大增加了城管综合执法部门代为拆除违法建筑的规定，使得拆除违法建筑程序更趋完善。

我们通过对城管综合执法职责权限的梳理，了解了城管执法部门与其他各有关行政主体之间行使行政处罚权的权限配置关系。例如，在市政工程管理方面，城管执法部门行使行政处罚权的职责权限是：对违反非市管城市道路（含城镇范围内的道路）、桥梁及其附属设施管理的违法行为行使行政处罚权；市政工程管理部门职责权限是：对违反市管城市道路（含城镇范围内的道路）、桥梁及其附属设施管理的违法行为以及其他市政工程管理方面的违法行为行使行政处罚权。对照国务院《决定》[①]明确的城市管理领域可以集中行政处罚权的范围：一是，市容环境卫生管理方面法律、法规、规章规定的行政处罚权；二是，城市规划管理方面法律、法规、规章规定的全部或者部分行政处罚权；三是，城市绿化管理方面法律、法规、规章规定的行政处罚权；四是，市政管理方面法律、法规、规章规定的行政处罚权；五是，环境保护管理方面法律、

---

① 国务院国发[2002]17号《关于进一步推进相对集中行政处罚权工作的决定》。

法规、规章规定的部分行政处罚权;六是,工商行政管理方面法律、法规、规章规定的对无照商贩的行政处罚权;七是,公安交通管理方面法律、法规、规章规定的对侵占城市道路行为的行政处罚权。八是、兜底条款明确省、自治区、直辖市人民政府决定调整的城市管理领域的其他行政处罚权。

上海由于改革基础较好,相对集中行政处罚权职责范围不仅仅限于国务院批复的八个方面,已经延伸至水务管理、建设管理和房地产管理等方面,相对集中行政处罚权的范围更广。为此,上海城管执法部门的不少同志说:城管综合执法就像一个筐,不管什么行政处罚都往里面装。

执法过程存在的问题:

执法范围不统一造成的弊端非常明显。一是不利于法制统一。各地执法各自为政,影响了行政执法严肃性;二是没有统一的主管业务上级,不利于各地进行正常业务交流,以提高业务水平;三是一些地方执法范围过大,增加了执法人员熟悉掌握有关法律、法规的难度,增加了工作强度,导致执法缺位、错位。同时肢解了行业管理职能,影响了整体行政管理效益;四是一些地方执法范围过窄,造成执法力量分散,执法覆盖面过小,增加了行政成本。

有关规定对城管综合执法职责的规定,符合城管综合执法改革的要求,为城市管理起到了法治保障作用。但是,城管综合执法改革毕竟是一种新生事物,实施时间并不长,在城管综合执法职责的确定上存在着不足,具体来说:

(一)职责划转不够科学

城市管理综合执法机关的行政职能是从市容环卫、市政工程、绿化、水务、环保、公安、工商、房地资源和规划等行政管理部门的职能中划转而来的。从城市管理综合执法部门的现有职能来看,已进行的划转工作存在着不够科学之处,使得一些城管综合执法的职能显得比较突兀。

部分行政管理部门把行政处罚权划转给城管综合执法部门时,只是将执行难度大的部分进行移交,例如,在《上海市城市管理相对集中行政处罚权暂行办法》第11条规定的环境管理部门移交给城管执法机关的职能中,有一项是对未经批准或者未按批准要求从事夜间建筑施工,造成噪声污染的违法现象进行行政处罚。环境管理方面的法律规范中对施工的管理不少,可是偏偏只是将这一条移交给城管执法机关,显然不够科学。

另外,部分行政管理部门转让行政处罚权给城市管理综合执法部门时,往往是象征性的,例如,《上海市城市管理相对集中行政处罚权暂行办法》第14条规定划转给上海市城市管理综合执法部门行使的建设管理方面的行政处罚权是对损坏、擅自占用无障碍设施或者改变无障碍设施用途的违法行为行使行政处罚权。无障碍设施和其他设施在性质上并无明显不同,将这部分行政职能而不是其他的行政职能转让给城市管理综合执法部门,很难在法律上有令人信服的理由。

(二)职责衔接不够顺畅

相对集中行政处罚权以前,行政许可权、行政收费权、行政处罚权、行政强制权都分别由各个行政机关统一行使。这种集行政许可、行政收费、行政处罚、行政强制等职责权限于一体的行政管理模式，在一个部门内部"一条龙"运作，客观上使各种行政权的行使衔接得比较紧密。从城市某一社会事务管理领域来说，有利于执法效率提高。相对集中行政处罚权后，行政职责权限进行了重新配置，横向调整了各管理部门与城管执法部门之间全部或者部分行政处罚权，实行管理与处罚相分离，虽然较好地解决了多头执法、职责交叉、重复处罚等问题，形成了行政管理与行政处罚之间相互制约的关系。但与此同时，对某一项社会事务的行政管理来说，"链条"被纵向切割，即原由一个行政管理部门统一行使的行政许可权、行政收费权、日常管理权、行政强制权部分或全部与行政处罚权相分离，分别由各行政职能机关和城管执法部门行使。

在这种新的体制下，由于相互协调机制和信息共享渠道不畅，在实践中经常出现脱节、监管失控、管理不到位、查处不及时等问题。出现有关行政管理部门与城管执法部门之间相互推诿扯皮的现象，对建设社会主义和谐社会产生不利影响。如有的行政管理部门不顾道路状况如何，同意设置大量书报亭、彩票亭等；有的行政管理部门不顾营业场地等条件是否具备，为开办摩托车店、餐饮店、水果店、百货店、建材店、装修铝合金和塑钢门窗店等颁发经营许可证，客观上造成商店数量过多，跨门营业，糟蹋周围环境，严重影响市容市貌等问题，给综合执法带来难度。特别是对一些技术性和业务性较强，要经过认定的拆除违章建筑、未经批准或者未按批准要求从事夜间建筑施工，造成噪声污染等违法行为进行处罚，假如缺少相关行政管理部门的配合和支持，往往会力不从心。

实施相对集中行政处罚权的目的，是为了加强城市管理，这些问题的出现，表明如何衔接原本合一的行政管理"链条"，在实施相对集中行政处罚权后，不使行政管理和行政处罚这"链条"脱节，这是实施相对集中行政处罚权制度，应该划分好各行政管理部门和城管执法部门之间职责权限的一个重要课题。

（三）职责界限不够清晰

开展相对集中行政处罚权遇到最大、最难的问题，就是各行政管理部门和城管执法部门之间职责界限划分不清。国务院《决定》[1]和各地方为实施《决定》配套的地方法律法规，只列举了几大类涉及城市管理方面的相对集中的行政处罚权，缺乏具体的界定和界定标准。例如，按照《上海市城市管理相对集中行政处罚权暂行办法》的规定，市和区县市容环卫管理部门将全部行使的行政处罚权，授权转让给了城管综合执法部门，其他市政工程、绿化、水务、环境保护、公安交通、工商、建设、房地产和城市规划等9个管理部门，只是将部分行使的行政处罚权，授权转让给了城管综合执法部门，大部分行政处罚权仍然由原行政机关实行专业执法。这样，就在具体的执法实践中出现了执法界面不清的问题。对于涉及行政许可方面的违法行为，城管执法部门就很难查处。

按照行政法的理论，一个完整的行政处罚权是不该被分割的。现在，实

---

[1] 国务院国发[2002]17号《关于进一步推进相对集中行政处罚权工作的决定》。

施相对集中行政处罚权后,各行政管理部门和城管执法部门的职责重新调整后,行政管理部门行使行政许可等管理权,城管执法部门行使行政处罚权,两者之间为城市管理都应该履行日常的监察、监督、检查的职责。各行政管理部门作为城市某项事务的主管部门,更应该对这领域的事务认真履行日常的监察、监督、检查、管理的职责。城管执法部门为了行使相对集中的行政处罚权,同样需要对城市管理相关领域的事务认真履行日常的监察、监督和实施行政处罚的职责。由于责任和利益所致,相互职责界定不清,往往会造成谁都应该加强日常的监督管理,谁又都可以不管的局面。例如,相对集中工商行政管理方面的占用道路无照经营与公安交通管理方面的擅自设摊占用道路的行政处罚权,依据有关法律、法规、规章的规定,工商行政管理部门、公安交通管理部门、城管执法部门都应该加强对设摊经营的监督管理。工商管理部门应当加强对设摊经营者许可行为的监督管理,不能错误地认为,没有经过工商管理部门许可过的设摊经营者,就不属工商管理部门的监督管理范围。公安交通管理部门应当加强对擅自设摊经营者占用道路的监督管理,擅自占用道路设摊往往会严重影响城市道路的畅通,加强对擅自占路设摊的监督管理同样是公安交通管理部门的职责。城管执法部门应该加强对上述违法行为人的监察和查处,这是相对集中行政处罚权后,城管执法部门应该严格履行的职责。由于三者的监督管理职责划分不清,既影响城管执法部门对上述违法行为人的查处,又影响工商、公安交通管理部门加强对无证、占路设摊监督管理的积极性。

二、执法范围的规范

各地的城管综合执法地方性立法应从规定城管综合执法机关职权范围的方式和城管综合执法的职权范围的内容等方面着手加强对城管综合执法机关职权范围的规定:

(一) 采用列举与概括相结合的方式系统规定职权范围

城管综合执法面临着"借法执法"和法律依据存在漏洞等问题,为有效解决这些问题,我们建议改变地方性法律法规中以综合性的方式规定城管综合执法机关职权范围的方式,转而以列举与概括相结合、以列举为主的规定方式。即正式制定全面规定城管综合执法范围的地方性法律规范或对现有的地方性法律规范进行修改以全面规定城管综合执法机关的职权范围,——列举城管综合执法机关的职权;同时,为了确保城管综合执法机关的职权范围成系统,有必要适当采取概括式的规定方式,规定某一领域内的事项都属于城管综合执法机关的管辖范围。

前一方面的内容旨在解决当前城管综合执法机关"借法执法"并因此而降低行政效率的问题,后一方面的内容旨在消除现有城管综合执法法律规范中存在的漏洞,基本保证城管综合执法机关能够依法对所有城管综合执法范围内的问题进行处理。

就具体方法而言,城管综合执法地方性立法工作在进一步规定城管综合执法机关的职权范围时可以分两步走：

第一步是全面列举现有法律规范规定的城管综合执法的职能范围；

第二步是在此基础上进一步研究城管综合执法应当遵守何种系统化的法律体系。

在进行第二步骤立法工作时，应当着重注意对现有的执法"死角"进行规定，填补法律空白，例如，小区围墙违法建设的问题涉及规划、城管和消防三个行政部门，但是三个行政部门都没有明确的法律依据处理违法建设的小区围墙。在制定上海市地方性法律规范时应当明确规定主管相应事项的行政机关，避免出现违法情况无人处理的现象。

（二）科学划定城管综合执法机关的职权范围

完善城市管理综合执法，必须科学划定城市管理综合执法的范围。《新民晚报》曾经发表报道，提出疑问："1顶'大盖帽'怎管167个'摊头'？"，该文指出，城管系统执法任务包括市容环卫、城市规划、城市绿化、市政管理、环境保护、无照商贩、交通占道、建筑施工、城市路灯照明、建筑行业劳保、国土房地产、人防工程、无证行医以及政府多个部门赋予的城市管理行政执法权。摊子太大，管得太多，相当部分是属于其他政府部门的"老大难"问题，这使城管队员长期处于紧张工作中，"朝九晚五"的作息制度根本无法实现。如上海市徐汇区一个分队的城管队员，2007年第二季度加班时间人均都在140个小时左右，最多的达到265个小时，超出了国家规定一季度内最多加班36个小时的6倍。报道引用市城管执法局一位工作人员的话说，许多问题过去都有专业执法部门管理，这些部门管理、执法，一条龙服务都没有管理好，怎么能指望城管在一夕之间解决所有问题呢？① 这篇报道所指出的问题确实令人深思。它进一步促使我们必须对目前城管的范围进行必要的反思，从而科学地界定城管的范围，以减轻城管不必要的负担，提高城管的执法效率。

我们认为，城市管理综合执法在划定集中行政处罚权的范围时，必须围绕集中行政处罚权的目的来设置，除了国务院已经明确的范围之外，集中其他行政处罚权时应充分考虑集中的必要性和可能性。具体而言，可以从以下四个方面着手完善城市管理综合执法立法对城市管理综合执法机关的职权范围的界定：

第一，需要集中行政处罚权的前提必须是存在多头执法、职责交叉、重复处罚以及执法扰民等问题，而集中行使以后能使问题得到较好的解决。国务院的《决定》②和地方为实施《决定》的法律法规等文件一再强调在城市管理领域集中行政处罚权的目的是解决上述多头执法等问题。因此，对于那些执法主体一直比较明确，并不存在上述各种问题的领域，进行集中的意义可能不大，可以不列入急需集中的范围。例如在对无障碍设施的使用管理方面，对于损坏、

---

① 《1顶"大盖帽"怎管167个"摊头"？》，《新民晚报》2007年7月21日。
② 国务院国发[2002]17号《关于进一步推进相对集中行政处罚权工作的决定》。

擅自占用无障碍设施，或者改变无障碍设施用途的行为就是由市或区县建设行政管理部门负责处理，没有国务院的《决定》①等文件所说的多头执法等问题。我们认为这样的事项不应纳入城市管理综合执法的范畴，在完善城市管理综合执法立法时可以考虑删除。

第二，要确保行政处罚权集中以后职能部门与城市管理综合执法机关之间不存在权责不清的问题。目前，在确定集中行政处罚权范围时，有的部门的行政处罚权只是采取了部分集中的方式，集中以后职能部门仍然承担部分行政处罚权。

例如《上海市城市管理相对集中行政处罚权暂行办法》第15条第1款第2项规定，破坏房屋外貌的由城市管理综合执法机关处理。破坏承重墙的，则仍由房地产部门处理。在实际运作中经常发生的情况却是老式的石库门房子，破门开店，大多涉及破坏承重墙，但这又破坏了房屋外貌。破坏房屋外貌（底楼）城管处理，除承重墙外；破坏承重墙，房地部门处理。这就是属于同样的执法事项，行政处罚权集中得不够彻底，造成了政府职能部门与城市管理综合执法部门之间存在权责不清的问题。

因此，在职权调整时最好能够实现整体划转，即同一职能部门，至少同一事项的行政处罚权全部调整由执法机关行使，职能部门不再承担相关的行政处罚权，这样就可以避免职责不清的问题。就上述对破坏房屋外貌的处理，专业性太强不宜集中，建议在城市管理综合执法立法时将它从城市管理综合执法机关的职权范围中删除。

第三，要明确需要集中的行政处罚权具有"相关性"和"相近性"。只有这样，集中行使以后才能做到既不影响已集中行使的行政处罚权的行使，又能确保调整的行政处罚权得到充分实施。行政执法机关在执法时能否实现"一队多能"、"一人多能"的制度优势，完全取决于执法队伍和人员能否对集中的行政处罚权进行综合查处，这就要求集中的行政处罚权必须具备"相关性"和"相近性"，这样才能保证在执法过程中，执法人员能一并查处。如执法人员在清理取缔无证摊贩时，也能及时发现路面上发生的诸如占用道路、损害绿化、乱丢乱扔等违法行为，同时进行查处，从而实现"一队多能"与"一人多能"。

第四，要考虑行政执法的专业性和一般性之间的关系。不可否认的是，鉴于目前城管队伍的执法水平和人员结构，并不适宜从事过多的本应由一些专业执法部门所进行的管理和执法工作，其应当进行的是日常的一般管理。如果一味地将一些执法难度比较高的事项归由城管管理，势必会产生执法效率低下的弊端，也容易产生执法中的争议。同时，也会使一些具有执法能力的行政机关丧失执法的职权，导致对专业领域的问题无法实现有效的执法与管理。如果这样，将会违背设立城市管理综合执法的目的。

因此，对专属性、专业性、技术性强的行政处罚权不应集中，以充分发

---

① 国务院国发[2002]17号《关于进一步推进相对集中行政处罚权工作的决定》。

挥行政执法机关的效能，确保行政执法的效率。在城市管理综合执法机关的职权中，大部分符合这一要求，应当保留。但也有一部分不符合这一要求。例如，《上海市城市管理相对集中行政处罚权暂行办法》第10条第1款第2项规定的对清洗装储过油类或者有毒有害污染物的车辆、容器的处罚由城市管理综合执法部门处理。这一职责就要求执法机关有相关的专业性，否则，无法判断是否有毒有害。同样，该办法第11条第1款第1项规定在非指定地区焚烧有毒有害烟尘和恶臭气体的物质由城市管理综合执法机关处理也不符合专业性、技术性强的行政处罚权不予集中的要求。

　　第五，要考虑集中的规模与城市管理综合执法队伍的能力相匹配。集中的规模过小，执法队伍和执法人员的综合效能得不到充分发挥，制度优势体现不出来；集中的规模过大，则可能超出执法队伍和人员的承受限度，使执法队伍和人员疲于奔命，无法取得理想的执法效果。因此，在确定集中的规模时，应结合城市管理综合执法队伍的规模大小，充分考虑其实际的承受能力。

　　就城市管理综合执法的实际情况而言，相对行政处罚权集中的规模偏大。目前城市管理综合执法有百余项职责，而执法人员有限，对于某些违法行为的频繁出现，城市管理综合执法无法应对。因此，建议适当删减城市管理综合执法机关的职权，使城市管理综合执法的范围与城市管理综合执法机关的执法能力和执法效果相匹配。

三、执法的管理体制

　　相比较其他政府部门序列的成熟有序，城管部门的管理体制却至今仍然没有全国统一的模式。根据国务院文件，"城市管理综合执法组织是各级人民政府直属的行政机关"，但在实际运行中各地差异极大。北京市城市管理综合行政执法局至今仍沿用国家机关机构改革后不久的做法，挂靠在北京市政管委。而广州的城管队伍则尚未列入政府序列，许多工作经常需要通过建委等部门出面协调解决。

　　目前各地城市都设立了城市管理综合执法机构承担综合执法职能。其机构名称、性质、体制诸多方面存在较大差异，并带来诸多问题。具体表现：

　　1. 机构名称不规范。具体称谓有城市管理综合执法局、城市管理综合行政执法局、城市管理行政执法支队、城市管理综合行政执法支队等等。

　　2. 机构设置体系各异。一种是独立设置，具体又分几种情况：

　　（1）只设城市管理综合执法局；

　　（2）设城市管理综合执法局和城市管理综合执法支队，为一个机构两块牌子；

　　（3）市设综合执法局，区只设综合执法大队。另一种是合署办公。城市综合执法局与城市管理委员会、城市管理办公室等行政机构合署办公。

　　3. 机构性质不统一。鉴于地方政府机构改革结束时间不长，由于受行政机构设置限额和行政编制总额的制约，大多数地方将城市综合执法机构分为综合执法行政机构和具体执法机构。关于综合执法行政机构，个别地方为政府组成部门，大多数部门列为政府直属行政机构，个别地方定为部门管理机构。其使用的编制一些地方明确为行政编制，纳入同级政府行政编制总数，一些地方笼统确定为行政执法编制。对具体执法机构定性比较模糊。除个别地方明确为事业单位外，大多数没有明确性质。对其使用编制大多数地方明确为事业编制，一些地方确定为行政执法编制。

4. 管理体制混乱。第一种是实行市区两级执法，以区为主的执法体制。区设立综合执法机构，为区政府组成部门，区执法机构受市执法局和区政府双重领导以区政府为主；第二种是实行市区两级执法，以市为主的执法体制。区设立综合执法机构，受市执法局和区政府双重领导，以市执法局为主；第三种基本上与第二种类似，不同处就是明确区执法机构是市执法局派出机构。第四种实行市、区、街道三级执法体制。在街道设立综合执法机构，使执法重心进一步下移。

四、上海市城市管理综合执法管理体制

上海市城市管理综合执法管理体制分为三级：市级层面上管理体制、区级层面管理体制和街道层面管理体制，实行"两级政府，三级管理"。

（一）市级层面的管理体制

从2005年8月1日起，在市市容环卫局增挂上海市城市管理行政执法局（以下简称市城管执法局）牌子，实行"两块牌子，一套班子"。市城管执法局是负责全市城市管理相对集中行政处罚权工作的行政机关，具有独立的行政执法主体资格。市城管执法局下设上海市城市管理执法总队，受市城管执法局委托，承担相对集中行政处罚权工作的具体事务。

市局根据职责任务，内设九个职能处（室）：办公室、组织人事处、政策研究室（法规处）、纪委（监察室）、工会、宣传教育处、综合发展处、综合执法处和科技信息处。

（二）区级层面的管理体制

各区设置区城管监察大队，承担各区相对集中行政处罚权工作的具体事务。监察大队内设政治处（人事监察科）、办公室、法制科、勤务科、财务审计科，下设若干街道分队及机动分队。

（三）街道层面的管理体制

各街道（镇）设置街道（镇）执法分队（或机动分队），承担街道（镇）管辖区内相对集中行政处罚权工作的具体执法工作。执法分队设置原则为：按照一个街（镇）设一个分队，也可根据实际需要进行适当调整。

由于上海城管执法体制自下而上经过试点逐步建立，同时各区县、街道（镇）的情况差异较大，因此在体制上呈现多样性，大部分区县设置的城市管理监察大队，机构性质为行政事务执行机构，属事业性单位，不符合《行政处

罚法》第16条与国务院《决定》①明确的"决定一个行政机关行使行政处罚权"的规定要求，主要体现在以下两个方面：

1. 各区县城管监察机构的设置模式不一致

从目前各区县城管监察机构设置和行政隶属关系来看，大致有四种：

第一种设置是，建立区城市管理综合执法局与市容环卫部门合署，由直属区政府领导，有浦东、卢湾、杨浦、松江四个区。

第二种设置是，建立区城市管理监察大队与市容环卫部门合署，由直属区县政府领导，有虹口、黄浦、闸北三个区。

第三种设置是，建立区县城市管理监察大队，由直属区县政府领导，有普陀、长宁、徐汇、闵行、金山、宝山、南汇、嘉定、奉贤九个区与崇明一个县。

第四种设置是，建立区城市管理监察大队，由委托区市容环卫管理部门（或市政管理委员会）领导，有静安、青浦等区。

根据国务院《行政处罚法》第16条与国务院《决定》②的规定，对实施集中行使行政处罚权的机关设置，应当符合法律所规定的共同原则：

其一，应当由国务院或者国务院授权的省、自治区、直辖市人民政府做出决定；

其二，被决定行使相对集中行政处罚权的机构必须是一个行政机关；

其三，应当决定行使有关行政机关的行政处罚权。

因此，我们认为，上述第一种设置，即建立区城市管理综合执法局与市容环卫部门合署，直属区政府领导的模式，是符合《行政处罚法》第16条与国务院《决定》③规定的。对于第二种、第三种、第四种设置的区县城管综合执法大队，机构性质定为行政事务执行机构，属事业性单位，将区城市管理监察大队，委托给区市容环卫管理部门（或市政管理委员会）领导，不属同级政府直接领导的一个行政执法机关，都是不符合《行政处罚法》第16条与国务院《决定》规定要求的。

2. 各区县街道（镇）监察分队设置模式不一致

目前，主要有两种模式：

一种是由区县城管监察大队组建设置街道（镇）监察分队，派驻到各街道（镇）地区实施城市管理综合执法工作，实行双重领导，条块结合，以条为主，监察分队的人员调配、工资福利、干部任命、工作考核、装备配备等均由区县城管监察大队负责。区县街道（镇）对监察分队的人员负责日常的监督管理，落实地区执法监察任务。

另一种是由区县街道（镇）组建设置街道监察分队，实行双重领导，条块结合，以块为主，实行工作重心下移，监察分队的人员调配、工资福利、干部任命、工作考核、装备配备等均由区县街道（镇）负责。区县城管监察大队

---

① 国务院国发[2002]17号《关于进一步推进相对集中行政处罚权工作的决定》。
② 同上。
③ 同上。

负责对监察分队的业务指导和监督、考核工作。监察分队均以区县城管监察大队的名义实施行政处罚。总的来说，这种条块结合、重心下移的体制是值得肯定的。区县级城管执法机构主要是在原来街道监察队、市容监察支队等执法队伍的基础上建立来的，它克服了以前做法的弊端，保留了其中合理的部分，注意发挥街道（镇）在城市管理中的基础性作用；同时又将城管综合执法权向区级城管综合执法机构集中，改变了以往区或街道执法队伍分兵作战的状况，各区城管大队对派驻的街道分队加强统一指挥和调度，日常执法化整为零，重大整治活动集中进行，充分利用了执法资源，条块之间的矛盾得到一定的化解，既体现了集中统一的优势，又发挥了街道（镇）的积极性。

由于各街道（镇）分队设置和运作机制不尽相同，造成城管执法队伍管理标准不一，指挥调度不畅，区内分队之间难以形成合力，尤其是条块结合、双重领导体制下以块为主的模式，设置街道（镇）监察分队，难以符合城管综合执法规范化建设的需要。这种管理体制，在监察分队建立初期发挥了重大的作用，但现在却暴露出较多问题，影响了区县城管监察机构整体效能的发挥，使其管理和执法活动变得日益困难。

首先，执法管理难以统一。在体制设计上，区县城管监察大队是各区县城市管理综合执法的唯一主体，街道（镇）监察分队是以区县城管监察大队的名义行使处罚权。而对监察分队的人员调配、工资福利、干部任命、工作考核、装备配备、执法任务执行等均由区县街道（镇）决定，造成全市对街道（镇）监察分队执法管理难以统一，尤其是当区县城管监察大队与各街道（镇）的命令发生不一致时，街道（镇）监察分队就可能会无所适从，导致难以执行的状况。

其次，法律责任难以分清。由于街道（镇）监察分队缺乏法律委托或授权，不能对违法的行政处罚承担责任。如果街道分队接受街道办事处、镇人民政府的指示行使行政处罚权，因此所产生的违法责任理应由街道办事处、镇人民政府承担。但街道办事处没有接受法律、法规的授权或委托，即使是因为街道（镇）的错误指令，产生的法律责任也要由区县城管监察大队为其承担，违反了权责一致的原则，相互法律责任难以分清。特别当街道（镇）和区县城管监察大队的执法意见不一致，发生行政复议、行政诉讼时，难以断定存在的法律问题，应该由谁来承担法律责任。

再次，管理处罚难以分离。街道办事处、镇人民政府具有辖区内一定事务的管理权、审批权和收费权。现在再赋予它对城管监察分队的领导权、指挥权、执行行政处罚权，这不符合行政执法体制改革的精神，违背了行政执法体制改革中管理与审罚分离的要求，不符合推行相对集中处罚权的基本目的之一。

我们认为，各区城管监察大队固然要坚持双重管理体制，但不应以块为主而应以条为主，即应当以区县城管监察大队作为街道分队的主管者，以街道办事处、镇人民政府作为街道分队的协管者。

第四节　城市管理综合执法与相对集中行政处罚权的关系

一、相对集中行政处罚权的基本含义和特征

所谓相对集中行政处罚权，是指将本应由若干行政机关分别行使的行政处罚权，经国务院或者国务院授权的省、自治区、直辖市人民政府决定后，集中交由政府一个行政机关统一行使，但限制人身自由的行政处罚权只能由公安机关行使；行政处罚权相对集中后，有关的行政机关和法律、法规授权的组织不得再行使已由一个行政机关集中行使的行政处罚权。根据上述含义，相对集中行政处罚权的主要特征包括：

（一）制度内容的单一性

行政活动的方式多种多样。在我国，行政管理权包括行政许可权、处罚权、监督权、强制权等多种行政权力。然而，作为对相对人的权利能够产生不利后果的典型形态，行政处罚与相对人的权利是最为密切，也是行政机关对违法行为人所经常采用的一种行政行为方式。因此，对行政处罚进行必要的规范是我国行政法治必须率先解决的事项。[①] 相对集中行政处罚权只是对行政处罚权的集中，而不涉及集中行政许可权等其他行政管理权。

（二）行政处罚权在一定范围内的相对集中

相对集中行政处罚权制度的本质在坚持执政为民，其目的是要解决当前城市管理中存在的多头执法、职责交叉、重复处罚、执法扰民和行政执法机构膨胀等与行政管理体制改革和法治政府建设所不适应的问题。因此，所谓集中，就是将原本分散由各个行政机关分别行使的行政处罚权集中起来由一个行政执法机关统一行使，这样既保证了行政效率，又减轻了公民的负担。比如，一个违法设摊经营的行为，可能会涉及多个行政机关的管理职权，多个行政机关依据现行法律、法规，都可以依法对违法行为人实施相应的行政处罚。而实行相对集中行政处罚权后，就可以将本来由多个行政机关分别实施的行政处罚权交由一个行政执法主体统一行使，从而避免了处罚的重复。但是，相对集中行政处罚权也并不是将有关行政机关的所有行政处罚权都集中起来，交由一个行政机关行使，其有一定的范围限制，实施相对集中行政处罚权的领域，是多头执法、职责交叉、重复处罚、执法扰民等问题比较突出，严重影响执法效率和政府形象的领域。

（三）行使相对集中行政处罚权主体的单一性

行政处罚权是一项重要的行政权力，是政府管理国家和社会的重要手段。根据《行政处罚法》的规定，在我国，除行政机关和法律、法规授权的具有管理公共事务职能的组织可以成为实施行政处罚的主体，在法定职权和法定授权范围内实施行政处罚以外，其他任何组织都不能成为行使行政处罚权的

[①] 我国于 1996 年 3 月 17 日所颁布的《中华人民共和国行政处罚法》，在行政行为领域中首先对行政处罚进行必要的法律规范，表明了行政处罚在行政行为体系中的突出地位。

主体而实施行政处罚。然而,《行政处罚法》第16条所规定的"一个行政机关行使有关行政机关的行政处罚权"实际上明确了相对集中行使行政处罚权的主体只能是依法享有行政处罚权的国家行政机关,而不能是除此之外的任何其他组织。这一规定表明,国家对相对集中行使行政处罚权的主体有特殊的要求,即只有符合法定条件的行政机关才能依据法定授权获得相对集中行使行政处罚权的资格。

(四)权力取得程序的严格性

依法行政原则的首要要求就是职权法定。它要求所有行政机关的行政职权都应当由法律明确规定。相对集中行政处罚权既涉及行政权行使者主体资格的重组,更涉及法定职能的重新调整和配置,必然要有严格的法律依据和程序规则。否则,行使相对集中行政处罚权的机关就无从取得行政处罚权。《行政处罚法》第16条对相对集中行政处罚权的法律途径和程序作了明确的规定,即"国务院或者经国务院授权的省、自治区、直辖市人民政府可以决定一个行政机关行使有关行政机关的行政处罚权"。此处的"决定"就是一种法定程序。一个行政机关只有通过法定的有权机关的"决定",即国务院或者经国务院授权的省、自治区、直辖市人民政府的决定程序,才有可能获得实施相对集中行政处罚权的权力和资格,并在法定职权的范围内,行使行政处罚权,从而实现行政处罚权的相对集中。

相对集中行政处罚权与城市管理综合执法,是两个既相互联系、又有一定区别的概念。虽然目前实践中的城市管理综合执法主要是以相对集中行政处罚权为主要内容,但无论是从理论上,还是从制度角度来说,两者毕竟有一定区别。因此,我们将对两者的关系作进一步的探究。

二、城管综合执法是相对集中行政处罚权的深化

正如前文所言,由于《行政处罚法》第16条的规定,虽然目前所称的城市管理综合执法一般是指城市管理领域中的相对集中行政处罚权制度,然而,这并不意味着城市管理综合执法制度就等同于相对集中行政处罚权制度。城市管理综合执法与相对集中行政处罚权既具有不可分割的相互联系,又有一定的区别。前者所包含的内容大于后者,后者既有相对独立的内容,又必须以前者为理论基础。[①]而且,城市管理综合执法又是相对集中行政处罚权的深化,是完善行政执法体制的更进一步要求。

(一)城市管理综合执法与相对集中行政处罚权含义的联系与区分

从理论层面说,城市管理综合执法是指一种在城市管理方面的综合性质的执法,即在城市管理的范围内,将各种行政主体的行政执法权进行必要的整合和重新布局,由一个符合法定条件的行政主体综合性地行使,从而解决执法的重复和"多头"执法的现象。从其含义来看,城市管理综合执法的内

---

① 关保英:《执法与处罚的行政权重构》,法律出版社2004年版,"前言"第3页。

容当然不仅仅包括对行政处罚权的综合，还应当包括其他行政行为和执法手段以及执法措施的综合，也就是在城市管理体系中，将各种行政执法行为从制度上整合成一个科学的整体，由一个行政执法机关统一进行，从而提高城市管理的有效性。

而相对集中行政处罚权则仅仅是行政处罚权这一特定行政行为的综合行使，其内容具有明显的单一性。因此，城市管理综合执法制度是一个综合性执法制度的总称，它是在城市管理的范围中对行政执法权的综合，相对集中行政处罚权仅仅是其中的一个方面。

然而，从实践的角度而言，却是没有将两者作严格的区分，全国有许多地方关于城市管理综合执法的规定一般都是将相对集中行政处罚权作为其主要内容。例如，《广州市城市管理综合执法细则》，虽然名为"城市管理综合执法细则"，但其中所规定的内容却都是有关相对集中行政处罚权的规定，而不包括行政处罚以外的内容。而上海市的有关规定如《上海市人民政府关于本市开展市级层面城市管理领域相对集中行政处罚权工作的决定》、《上海市人民政府关于本市开展区县城市管理领域相对集中行政处罚权工作的决定》以及《上海市城市管理相对集中行政处罚权暂行办法》等规范性文件虽然明确了是行政处罚权的"相对集中"，但一般在理解上又都将其作为一种城市管理综合执法制度来看待。

然而，若从理论层面上讲，行政综合执法与相对集中行政处罚权应当是两个概念，行政综合执法比相对集中行政处罚权的概念要大一些，其不仅仅限制在行政处罚行为中，而且可以包括所有可以集中的行政行为。行政综合执法的概念应当包含相对集中行政处罚权的概念。[1] 我们同时认为，行政综合执法是关于综合执法的一个全方位的概念，而城市管理综合执法也是其中的组成部分，是在城市这个范围中的综合执法；相对集中行政处罚权又是行政综合执法中的一个内容，其在城市管理综合执法中的实施，则是相对集中行政处罚权制度在城市管理综合执法中的具体运用和操作。

由于我国《行政处罚法》率先规定了行政处罚权的相对集中，所以实践中的城市管理综合执法在行政处罚领域率先进行。但是，我们认为，实践中的城市管理综合执法在行政处罚领域率先进行，并不表明行政处罚权的相对集中是城市管理综合执法的唯一内容，只是由于《行政处罚法》率先规定了在行政处罚权的相对集中，才使得目前的城市管理综合执法基本上限定在集中行政处罚权领域。

可以预期，随着行政管理体制改革的深入，城市管理体制的进一步深化，尤其是法制的进一步健全和城市管理综合执法机关综合管理经验的逐步积累和丰富，以相对集中行政处罚权为主要内容的城市管理综合执法体制的内涵将更为丰富，并将逐步形成全面、科学、有效且各种执法手段综合运用的城市管理

---

[1] 关保英：《执法与处罚的行政权重构》，法律出版社2004年版，第17页。

行政执法新体制。可以说，城市管理综合执法体制是在相对集中行政处罚权基础上的进一步深化。

（二）城市管理综合执法是相对集中行政处罚权的深化的内涵

1. 城市管理综合执法是相对集中行政处罚权的深化的理论论证

首先，从城市管理综合执法的执法手段来看，城市管理综合执法是相对集中行政处罚权的深化。

城市管理综合执法是对传统城市管理执法的改革，是对后者的各个方面进行补充和完善的一场改革。因此，它必然要建立在后者的基础上，两者之间一定会存在特定的承继关系。从城市管理综合执法的应有的手段上看，行政处罚绝不会是其唯一的执法手段。在行政实务界，人们一般习惯于将监督检查、实施行政处罚和采取行政强制措施等行政行为称为行政执法，检查、巡查、检验、勘验、给予行政处罚、即时强制、查封、扣押等行为都在行政执法的范畴之内。

城市管理执法作为行政执法的一种，其执法手段也应当包括很多种。既然城管执法的手段如此多样化，城市管理综合执法的改革范围又怎么会仅仅限于行政处罚呢？城市管理综合执法又怎么会仅仅只是相对集中行政处罚权呢？因此，不能因为相对集中行政处罚权目前主要是在城市管理领域开展就认为城市管理综合执法只是相对集中行政处罚权的一个阶段，只能说相对集中行政处罚权是城市管理综合执法的一个阶段，换言之，城市管理综合执法发展的目标，理应是在相对集中行政处罚权基础上的进一步深化。

其次，从开展相对集中行政处罚权的工作的根本目的上看，相对集中行政处罚权是城市管理综合执法的一个阶段。

中央发布的各种文件曾多次指出，开展相对集中行政处罚权工作的初衷是解决多头执法、职责交叉、重复处罚、执法扰民等问题，其根本目的是以行政处罚领域为突破口改革现行行政执法体制。例如，国务院《关于进一步推进相对集中行政处罚权工作的决定》明确指出："相对集中行政处罚权是深化行政管理体制改革的重要途径之一，最终目的是要建立符合社会主义市场经济发展要求的行政执法体制。"中央编办和国务院法制办发布的《关于推进相对集中行政处罚权和综合行政执法试点工作有关问题的通知》（中央编办发〔2003〕4号，以下简称为中编办4号文件）也直接指出"……而综合行政执法则是在相对集中行政处罚权基础上对执法工作的改革。"为了进一步保证开展相对集中行政处罚权的工作不偏离行政执法体制改革的大方向，国务院《关于进一步推进相对集中行政处罚权工作的决定》还要求各省、自治区、直辖市人民政府和国务院各部委、各直属机构"必须把开展相对集中行政处罚权工作同继续深化行政管理体制改革紧密结合。要精简机构、精简人员，按照社会主义市场经济规律，进一步转变政府职能。要按照权力和利益彻底脱钩、权力和责任密切挂钩的原则，调整市、区政府有关执法部门的职责权限，明确划分有关部门之间的职能分工，推行行政执法责任制、评议考核制，防止政出多门、多头执法、执法扰民。"由此可见，推动相对集中行政处罚权是为综合行政执法的改革奠定基础，而综合行政执法是对相对集中行政处罚权基础上对行政管理体制的进一步发展。

城市管理综合执法是综合行政执法的一部分，它与相对集中行政处罚权的关系应当和综合行政执法与相对集中行政处罚权的关系一样。城市管理综合执法改革的最终目的并不只是相对集中城市管理领域内的行政处罚权，而是完善现有的城市管理执法体制，即相对集中行政处罚权只是城市管理综合执法改革的一个阶段性目标。

2. 城市管理综合执法是相对集中行政处罚权的深化的实践证明

城市管理综合执法过程中遇到的很多问题也说明即使城市管理领域内的相对集中行政处罚权工作已经顺利完成，城市管理执法领域内的改革仍然必须继续进行。例如，李志强被崔英杰刺死案的发生（2006年8月11日，在城管执法过程中，崔英杰与海淀区城管大队副分队长李志强发生冲突，并将李志强刺死。2007年4月10日，北京市第一中级人民法院以故意杀人罪判处崔英杰死刑，缓期二年执行。后李志强被追认为烈士。），就充分说明了目前我国城市管理综合执法的职责与执法手段之间存在着巨大的差距，仅凭行政处罚是不能走出履行职责与照顾公民生存权利和其他合法权益之间的两难困境的[1]。同时，深圳龙华街道办城市管理执法队与深圳市城市管理联动执法大队之间的执法冲突，又说明了城市管理综合执法体制还存在权力分配和机构设置等方面的问题，我们还需要继续加强城市管理执法领域的改革[2]。以上实例说明了城市管理综合执法必然是相对集中行政处罚权的深化，而不能在相对集中行政处罚权阶段停顿下来。

3. 城市管理综合执法是相对集中行政处罚权的深化的内容

中编办4号文件详细说明了城市管理综合行政执法是相对集中行政处罚权的深化，"综合行政执法不仅将日常管理、监督检查和实施处罚等职能进一步综合起来，而且据此对政府有关部门的职责权限、机构设置、人员编制进行相应调整，从体制上、源头上改革和创新行政执法体制，解决执法工作中存在的许多弊病，进一步深化行政管理体制改革。"根据该文件，城市管理综合执法是相对集中行政处罚权的深化主要表现在三个方面：

第一，城市管理综合执法的范围更加广泛。城市管理综合执法改革不仅要求将部分行政处罚权集中起来行使，还要求以此为依据对政府有关部门的权限、机构设置等进行相应的调整，从体制上、源头上改革和创新行政执法体制，解决执法工作中存在的弊端。

第二，城市管理综合执法的职能配置更加科学。实行相对集中行政处罚权在一定程度上实现了管理权与执法权的分离，但对行政执法体制没有进行根本性的改革。城市管理综合执法改革的根本目标则是做到"权责一致"和"两

---

[1] 台建林：《城管，何时走出"借法执法"窘境》，载《法制日报》2007年3月15日第7版。
[2] 傅达林：《又见"公权内讧"的隐忧》，载《法制日报》2006年8月2日第3版。

个相对分开",即合理划分政府部门和行政执法机关的权限,明确城市管理综合执法的范围,理顺各方面的关系。

　　第三,城市管理综合执法改革的效果更显著。推行相对集中行政处罚权只是行政体制改革的初步举措,只能影响到特定的执法领域,而推行城市管理综合执法则是一个长期的过程,其最终目标是在各个执法领域内都进行改革。两相对照,推行城市管理综合执法的最终效果肯定要强于推行相对集中行政处罚权的效果。

城市管理综合执法概论

4 第四章 城市管理综合执法的地位与作用

 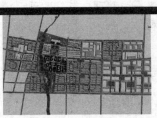  

第一节　城市管理综合执法的地位

一、城市管理综合执法是城市管理的必然趋势

长期以来，行政权力按被管理者类别和行为性质划割为若干个管理领域，并设置专门的部门来统一行使该领域的管理执法权。这种按条配置权力、分解职责的做法，造成了目前城市管理机构膨胀、人浮于事、管理效率低下等一系列问题，与当前市场经济条件下城市管理的发展要求不相适应。城市管理领域相对集中行政处罚权，使管理权与执法权分离，这是一种新型的城市管理模式，它的建立和运作，是适应市场经济形势下城市管理的需要，具有科学性、协调性、综合性、效率性的特点，体现了城市管理条块结合、以块为主，合理分工、相对集中的特色，在城市管理职能上具有很强的优势，能以其综合管理的效能，确保城市管理水平的提高。这种综合效能形成的原因：

（1）初步解决了城市管理领域中因分工过细而造成的职责交叉、多头执法、互相推诿、重复处罚的问题，极大提高了行政管理工作效率。

（2）通过管理权与执法权的合理分离，进一步明确各部门的管理职责，初步实现行政职权、行政职责和行政权力的相一致。

（3）通过权力的重新配置，科学、合理地调整了各部门的管理重心，以此推动政府职能的真正转变，从而将城市管理水平推上一个新台阶。

（4）促进了管理与执法部门间监督和制约机制的形成，使管理、执法权的运用更趋规范、合法，为城市管理职能的实现提供了保障。

二、城市管理综合执法是城市管理的时代跨越

（一）实现了多头执法向统一执法的实质性跨越

城市管理综合执法将有关行政机关的行政处罚权进行归并和相对集中，由一个行政机关行使，从而减少了部门之间职能交叉、相互推诿、扯皮的状况。它既可解决执法分散、重复执法以及执法扰民问题，也可使城市管理执法主体走向单一，使一队多能成为可能，有利于改革行政管理体制，实现"精简、统一、效能"的目标。从而降低执法成本，减轻财政负担，提高行政效率，促进政府职能的转变。

（二）现代城市的整体管理需要城市管理实行综合执法

现代城市是一个整体的概念，是人口、空间、效益高度集聚的场所。这一特性使城市在结构上有明晰的整体性和不可分割性，在功能上有系统性和完整性，在发展上具有超前性和预见性，这些性质决定了城市在管理上必须具备客观性和综合性。因而城市管理行政处罚权相对集中是和城市特性相一致的。按照系统论的观点，整体大于局部之和，城市作为一个整体，它的功能及价值远远大于分门别类的各行各业功能及价值的简单相加，城市管理行政执法作为城市这个大系统中的子系统，也存在一个优化组合、优化效能的问题，依法综合执法无疑是提高城市管理、城市效能，最大限度上提高行政执法效率的一个

有效途径，对城市整体功能的发挥也将起到积极的作用。

（三）相对集中行使行政处罚权是现代化城市行政体管理制改革的必然趋势

从 1997 年开始，经国务院批准，全国上下有很多城市开始了城市管理综合执法道路的尝试和探索。从近几年来的实践来看，取得了一些成效，对加强城市管理发挥了很大的作用。一方面是建立起了超越行业利益的执法运行机制。一支隶属于政府的综合执法力量，发挥了综合协调的作用，改变各部门各自为政、条块分割、自成体系的局面，形成统一领导，协调合作的关系，建立高效、合理、动态发展的超越行业利益的执法运行机制。另一方面是有利于强化解决城市管理难点问题的执法力度。长期的实践表明，各职能部门执法各行其是，不但难于达到强化执法力度的目标，而且可能互相抵触。实施综合执法则可以强化城市管理的执法力度，同时又不代替各专业职能部门的例行执法、集中主要力量用于主要方面，取得解决棘手问题的显著效果。

（四）相对集中行使行政处罚权是依法行政、实现城市管理执法队伍建设正规化的必然

依法管理城市是城市文明的重要特征，是城市现代化的客观要求。建立高素质、高水平的城管执法队伍是时代的必然要求，实行城市管理相对集中行政处罚权后，可从根本上解决以前城市管理执法队伍长期存在的执法主体资格不明，法律、法规依据不足，执法手段软弱，以及编制配备不规范和经费来源无保障等一系列矛盾，为队伍的正规化、现代化建设创造有利条件。可见，实行综合执法、行使相对集中的行政处罚权是行政体制改革的重要举措，是时代发展的必然，在可预见的将来，各大城市的城市管理行政执法范围将更广、职能将更强。随着相对集中行政处罚权试点工作的不断深入，政府行政体制也将发生深刻变化。

第二节 城市管理综合执法的作用

一、有利于提升城市品位和形象

城市管理的好坏直接关系城市建设和发展的水平，城市发展要走出"越建设，越发展，越赔钱"的城市综合征，关键在于加强城市管理，而在具体管理当中往往造成"一个部门管不了，多个部门管不好"的局面，使大量的人财物力消耗在无休止的突击整治活动之中，处于"脏乱—整治—再脏乱—再整治"的怪圈之中，这种现象的存在，迫切要求城市管理从条条管理转向综合管理，部门执法转向综合执法，实现职能集中、重心下移格局，强化日常管理，落实长效措施，为经济发展和社会进步构建良好的平台。

城管综合执法由于行政处罚权力相对集中，使各部门职责明确，能够减少职责交叉、职能重复的现象，从而减少扯皮，促进城市管理工作的顺利开展。城市管理从表面上看是针对事，而实质上是对人的管理。一个违法行为往往触及多个法律法规。在现有的城市管理体制下，城建和环卫部门从市容环卫管理

角度可以罚，市政部门从占道的角度可以罚，公安部门从交通管理的角度可以罚，还有其他相关的部门也可以罚，处罚就显得紊乱。而实施综合执法，则可以是一队多能，能够较快地处理这类问题，就可以达到提高工作效率，切实维护城市市容和环境卫生的目的。

二、有利于破解执法交叉和空白

一方面，现代城市的发展使城市的分工越来越细，越来越专业，城市管理部门也越来越多，执法队伍也越来越多；另一方面，城市的现代化，又对城市的整体性、统一性、和谐性提出更高的要求。城市的发展使城市管理从粗放型的管理走向专业管理，进而又从专业管理走向综合管理。城市服务功能的便捷高效，城市行政管理的集中统一，实行综合执法的管理模式已成为现代化城市管理的必然选择，不仅加大了行政管理的力度，也消除了城市管理的交叉点和空白点。

实行城市管理综合执法，可以精简机构，保障指挥有力，使得政令畅通。由于执法队伍的统一管理和一队多能，必将大幅度地降低政府行政执法成本，减少开支，使政府能以较小的投入获得最大化和最优化的社会效益。行政处罚权的相对集中，可促使各部门步调一致，清除因部门之间职能交叉、推诿扯皮而产生的行政负面影响，促进各职能部门协调合作，树立政府部门精简高效的崭新形象。同时，审批权与执法权分离后，可以有效地对审批事项的落实、执行情况跟踪监督，形成政府部门之间相互制约，相互监督的机制，促使各部门依法行政。

三、有利于提高执法效率和力度

通过对行政管理与执法资源的重新配置，建立起一个政令畅通、协调统一、调控有力的新的城管综合执法的运行机制。选择这种模式不仅有利于提升政府职能部门的管理权威性，也能在推进依法行政过程中，更好地加强城市市容环境管理，行使好自己的职能。

由于城市管理综合执法队伍拥有较全的城管执法职能，遇到各类违法违章行为时，均可以执法主体身份对其进行处罚，从而迅速使一些违法违章行为得以消除。在消除违法违章现象的同时，原部门职能交叉、多重执法或互相推诿的本位主义色彩也得到了消除。

综合执法队伍无可置疑地成为城市管理工作的第一责任人，面对各类城管问题，只能前进，不能后退，更无法逃避。

城市管理相对人的违法违章行为往往多属综合违法行为，即一个违法行为涉及多个法律法规的禁止性规范，任何一个专业执法部门都难以及时消除这一违法违章现象，如运输车辆沿街撒漏，既影响市容环境卫生，又损坏污染路面还影响交通秩序，涉及多个部门，而单一执法队伍依据各自法律法规处罚很难一下子奏效，这时集各家之能的城市管理综合执法队伍既可快捷地处理，迅速消除其危害，又避免多头执法、重复执法或无人管理的现象发生，体现了"一队多能"的行政效率。

四、有利于改善市容环境与面貌

一个城市的市容环境是一个城市文明程度的直接反映,同时与提高市民的生活质量,构建社会主义和谐社会紧密相关。在各地原城管综合执法中,其中涉及影响市容环境方面的行政处罚行为就占三分之二,适用的行政处罚法律依据,大部分都涉及市容环境方面的法律、法规、规章,是以维护市容环境秩序为主要内容的行政处罚。如多年来困扰各城市市容环境的乱设摊、乱搭建、乱堆物及乱张贴、乱涂写、乱刻画、乱倒垃圾等问题,一直比较难解决。实践证明,行政处罚力度往往随着管理力度的加强而推进,只有强化城管综合执法和行政管理的协调,疏堵结合,合理配置好行政执法手段,才能有效地解决直接影响市容环境的违反行为,使本市乱设摊、乱搭建、乱堆物及乱张贴、乱涂写、乱刻画、乱倒垃圾等老大难问题,得到相应的改善。

五、有利于市容环境的长效管理

城市管理领域依托以市容市貌为主要内容的管理和执法,可以达到城市环境面貌的切实改观。按照新一轮城市管理目标,城市市容环境按照"大市容、大环境、大卫生"的管理思路和"全社会、全行业、全过程"的管理要求,来达到符合社会经济发展的、有利于城市建设的长效管理,使城市市容环境整体形象与现代化城市的要求相适应。各地建立了长效管理机制和综合执法队伍,充分发挥了三级管理的网络作用,将具体管理的要求和相关信息通过网络传递,使一些影响市容的违法行为从根源上得到制止。

六、有利于发挥专业执法的作用

相对集中以市容市貌为主要内容的行政处罚权,同时又承担着其他相关行政管理部门的部分行政执法内容,更体现了城市管理综合性和互动性的特点。在城市建设和管理中突出维护市容环境秩序的同时,可服从其他专业管理部门的要求,使相关行政管理部门在城市管理中发挥积极的作用。通过建立联席会议制度,明晰各自的权力和责任,确立行政管理的职能与行政处罚的权力,形成在行政执法上既各司其职、独立运作,又相互制衡和监督的管理格局,为城市管理相对集中行政处罚权工作进一步推进,创造一个配合有力、协调有序的良好执法环境。

到目前为止,各地城管综合执法改革工作已经将现在各行政部门分散地对违反市容环卫、园林绿化、路政、工商、公安、规划、房地、水务、环境保护管理等法律、法规、规章的行为,部分或者全部相对集中到城管综合执法部门实施行政处罚,优化了城市管理,为市容环境公共秩序有条不紊,促进社会和经济的发展,构建社会主义和谐社会,使城管综合执法成为城市发展与管理的重要基础和保障。

城市管理综合执法概论

5 第五章 城市管理综合执法的法理原则

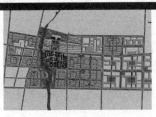

第一节　城市管理综合执法的基本法理

行政法作为一个独立的法律体系，是一个由成千上万的行政法律规范组成的有机统一体。各个法律规范之间的有机统一关系的形成，取决于它们赖以制定和实施时所遵循的相同的原则或准则。没有相同的制定或实施原理与准则，不同的行政法律规范就会杂乱无章，形成不了统一协调的法律体系。城市管理综合执法其本质属于行政法范畴。

一、我国行政法基本原则的涵义

行政法的基本原则不同于一般的政治原则，也不同于行政法的局部原则，它有其自身的特点。这些特点主要有以下几个方面：

1. 行政法的基本原则具有法律性

行政法的制定与实施虽然要遵循许多的原理与准则，但是行政法的基本原则却只能是具有法律意义的原则或准则，不能是为一切统治工具或管理工具都共同遵循的一般政治原则或一般社会原则。

2. 行政法的基本原则具有特殊性

行政法的基本原则应当是行政法这一独立法律部门所特有的原则，既不是适用于一切统治工具或管理工具的原则，也不是适用于一切法律规范或一切法律部门的原则。

3. 行政法的基本原则具有普遍性

在行政法部门内部，行政法也要遵循许多不同层次的原则，有些原则只适用于调整某一行政领域的部分行政法律规范，还有些原则适用于调整所有行政领域的一切行政法律规范。

二、我国行政法基本原则的内容

把行政法的基本原则确定为行政合法性和行政合理性，不仅符合现代行政法的发展规律，也符合现代民主政治制度下依法行政的要求，能够涵盖行政的全过程，调整整个行政法律体系。

1. 行政合法性原则

在我国，行政合法性原则是指行政主体的设立，拥有行政职权和行使行政职权都必须依据法律，符合法律，不得与法律相抵触，任何违法行政行为都应承担相应的法律责任。它主要包括以下几个方面的内容：

（1）行政主体的设立必须合法。行政主体是能以自己的名义拥有和行使行政职权，并能以自己的名义为行政使行政职权的行为产生的后果承担法律责任的机关或组织。

（2）行政职权的拥有应当合法。一切行政行为都以行政职权为基础，无职权便无行政。行政主体拥有行政职权，是它进行行政管理的先决条件。

（3）行政职权的行使应当合法。行政主体行使行政职权，做出行政行为，是实现国家行政职能，实现对社会的管理的途径和手段。它既关系到国家权力的行使，又关系到行政相对人的权益保护，必须依法行政。依法行使行政职权，不仅是行政主体的一项权力，也是行政法对行政主体设定的一种义务或职责。

(4) 违法行使行政职权应当承担法律责任。行政主体必须合法行使行政职权，做出行政行为，这是行政合法性原则的最基本内涵。

应当指出的是，行政合法性原则是贯穿于整个行政过程，对具体行政行为和抽象行政行为都有约束力的原则。它所指的法，既包括实体法，也包括程序法；既包括宪法，也包括法律、法规和规章。

2. 行政合理性原则

行政合理性原则是指行政主体的设立、拥有行政职权、行使行政职权、追究违法行为和实施行政救济等都必须正当、客观、适度。它主要包括以下几个方面的内容：

(1) 行政主体的设立应当合理。行政主体的设立，初看之下似乎只有合法性问题而无合理性问题可言。行政主体的设立不仅应当合法，也应当合理。在实践中，不注意行政主体设立的合理性，必然导致机构设置重复、机构臃肿，或设置不敷实际所用等问题，造成相对人负担过重、行政机关人浮于事，或行政职权乏人实施等后果，影响行政管理目标的顺利实现。

(2) 行政职权的拥有应当合理。行政职权作为由具体的行政主体掌握的国家行政权，不仅在宪法、法律和法规予以设定的时候就应当坚持合理性标准，而且即使在行政主体或其他行政行为主体依法取得的时候，也不能只讲合法性标准而不讲合理性标准。因为无论是宪法、法律和法规所设定的行政职权，还是法律、法规规定的行政职权授予或委托标准，都比较模糊、笼统。

(3) 行政职权的行使必须合理。行政职权的合理行使是行政合理性原则的重心，因为行政职权的行使直接使行政主体与行政相对人发生联系，关系到行政相对人的切身利益。

3. 行政合法性与行政合理性原则的关系

我国行政法的合法性原则与合理性原则是既相互联系又相互区别的两大基本原则，掌握它们之间的关系，对于全面理解和贯彻我国行政法有极为重要的意义。从它们在我国行政法律体系中的地位与作用来看，二者主要有以下几个方面的关系：

(1) 二者并存于行政法之中，缺一不可。行政合法性与行政合理性是现代法制社会对行政主体制定、实施行政法律规范提出的基本要求。

(2) 二者互为前提，互为补充，共同为完善行政法制发挥作用。从行政的使命和目的看，任何行政法律规范的制定和实施，都应当以符合客观规律，符合正义、公平的理性原则，符合国家和人民的根本利益为目的。

第二节 城市管理综合执法的主要原则

城市管理综合执法作为行政执法的组成部分，应以依法行政为基本原则。城市管理综合执法的基本原则是在贯彻城市管理综合执法行政执法过程中，对全部执法活动具有指导意义的基本准则，把握基本原则，有助于对城市管理综合执法行政执法的法律规范的理解与适用，特别是由于城市管理综合执法是一项系统的浩大工程，如果遇到某些法律没有规定的新情况、新问题时，城市管理综合执法机构就应该依照城市管理综合执法行政执法的基本原则和基本要求来实施行政行为。根据国务院《全面推进依法行政实施纲要》，依法行政原则的内容包括：合法行政、合理行政、程序正当、高效便民、诚实守信、权责统一。按照这一原则，并结合城市管理综合执法行政执法的具体情况，得出城市管理综合执法行政执法的原则为合法行政原则、合理行政原则、正当程序原则、高效便民原则权责统一原则、以人为本原则和社会监督、综合治理原则。

一、合法行政原则

所谓合法行政是指行政机关严格依照法律的规定，履行职责，实施行政管理活动；行政活动不能与法律相抵触，否则构成违法行为，应承担相应的法律责任。依法治国是我国根本的治国方略，是人治走向法治的必然选择，而依法行政又是依法治国的核心、重点和难点所在，依法行政的第一要求就是合法行政。那么，合法行政应该具备哪些基本要件呢？总的来讲，合法行政的要件包括主体合法、行为合法、内容合法、程序合法，但在具体的行政行为中，合法行政的具体要件会有所不同。

1. 主体合法

实施行政权的主体必须是依法有权实施国家行政管理活动的组织。行政机关的工作人员以行政机关的名义执行职务，一切后果由行政机关承担。城市管理综合执法行政执法的主体必须是享有城市管理综合执法行政管理相应职权的机构，即各级城市管理综合执法机构。

2. 权限合法

法律在授予行政机关行政权力的同时，都为其规定了相应的权限。行政机关应当在法定权限内活动，超越法定权限，就构成行政越权。在法律规定并不明确的情况下，行政机关行使权力应该奉行"法无明文规定即为禁止"的宗旨，尤其是当行政管理相对方的利益可能受到侵害的时候。同时，行政机关的职责法定，如果在行使权力的过程中，发生了损害相对方权益的情况，行政机关应该依法承担相应的法律责任。

3. 内容合法

行政行为的内容即所涉及的权利义务必须符合法律的要求，行政行为不得包含违背法律规定的内容，就是不得包含违反法律规定的赋予权利或者科以义务的内容。城市管理综合执法机构在行使行政权力、履行法律职责时，必须依据法律的规定进行监察管理，而不能做出违背法律规定的行政决定。

4. 程序合法

行使行政权力必须遵守法律规定的步骤、顺序、时限和方式等程序性的要求。现代社会人们越来越清楚地认识到，程序具有独立价值，而不仅仅是实现实体公正的保障。城市管理综合执法行政执法关系到行政相对方的切身权益，必须依照法律规定的程序行使。

二、合理行政原则

合理行政原则是对合法行政的进一步要求。法律对行政机关授权时，一般都给予行政机关必要的行政裁量权，即可以选择行使权力的方式，或在某一个幅度范围内决定行政后果。行政机关行使裁量权不能滥用，应该符合法律授权目的、公正、无偏私、同种情况同样对待、不同情况不同对待、考虑应该考虑的因素而不能考虑无关因素等要求。

合理行政原则对我国行政机关执法活动的基本要求包含以下几点：

1. 公平公正

公平指所有相对方地位平等，行政机关要平等地对待行政管理相对方，不偏私、不歧视。公正指行政机关对待相对方要公正，包括实体公正和程序公正，实体公正强调行政机关实施行为要考虑相关因素，程序公正则是程序正当的要求。

2. 符合比例

比例原则已成为各国行政法治的一项重要原则，其含义是指国家权力的行使应当兼顾公共利益的实现和公民权利的保护，如果国家权力的实现可能会对公民的权益造成不利影响，则这种不利影响应被限制在尽可能小的范围和限度之内，二者应当处于适当的比例。比例原则主要强调行政手段、方法和目的之间应该和谐一致，成比例。因此，比例原则要求行政机关行使自由裁量权应当符合法律的目的，排除不相关因素的干扰；所采取的措施和手段应当必要、适当；行政机关实施行政管理可以采用多种方式实现行政目的时应当避免采用损害当事人权益的方式。

在城市管理综合执法行政执法中，合理行政原则就是要求城市管理综合执法机构在行使职权时必须充分考虑到影响行政相对方权益的一切因素，同时也要避免不相关的考虑。城市管理综合执法行政执法必须要遵循合理性原则，最大限度地保护行政管理相对方的合法权益。

三、程序正当原则

程序正当原则，是指行政机关行使权力的过程应当符合正义理性的要求。正当法律程序具有程序的参与性、决策者的中立性、程序的对等性、程序的合理性、程序的自治性和程序的及时终结性等六方面属性。其中，参与性是正当法律程序的重要内容，它要求行政决定要听取相对方意见，保证他们的参与权，公民一般会通过诸如听证、游说、建议等方式进行参与，并在参与过程中表达自己的观点。

城市管理综合执法行政执法必须要遵守程序正当原则，做出行政决定必须给予行政管理相对方充分的参与权利。

四、高效便民原则

高效便民原则要求行政机关实施行政管理，应当遵守法定时限，积极履行法定职责，提高办事效率，提供优质服务，方便公民、法人和其他组织。强调执法效率就是要求提高工作效率，降低执法成本，及时完成行政目标，避免无故拖延和重复。便民或服务原则要求行政机关在行政过程或行政程序中，应当尽可能为相对方提供便利，减少相对方的金钱、时间和精力的耗费，确保实现合法正当的目的。高效便民原则要贯彻于行政的整个过程。如在行政许可环节，要合理划分和调整部门之间的行政许可职能，简化程序，减少环节，加强并改善管理，提高效率，强化服务。

由于城市管理综合执法关系到人民群众的切身利益，城市管理综合执法行政执法不得有任何的拖延，城市管理综合执法行政执法机构应当高效及时地处理突发情况，避免危险形势的恶化。实施相对集中行政处罚权根本宗旨在于提高行政效率。必须坚持集中统一，通过理顺相关部门的行政管理职能关系，合理调整、理顺条块关系，达到统一规划、统一协调、权责一致的目标，从部门分散的行业管理走向综合管理，提高行政管理的效率。

五、权责统一原则

行政机关依法履行经济、社会和文化事务管理职责，要由法律赋予其相应的执法手段。行政机关违法或者不当行使职权，应当依法承担法律责任，实现权力和责任的统一，这就是权责统一原则。权责统一原则要求行政机关做到执法有保障、有权必有责、有权受监督、违法受追究、侵权须赔偿。

如何在行政实践中做到权责统一呢？根据我国的实际情况，应该强调以下几个方面：

首先，依法明确规定各个行政机关的职责范围，授予其相应的行政权，规定其对上级和下级应当承担的责任，建立和完善权责一致的行政体系。

其次，依法加强对执法人员的管理，使每个执法人员都有明确的职务、职权和职责。要做到事事有人负责，人人各司其职，各负其责。再次，建立严格的监督、考核、奖惩、升降制度，厉行奖惩是保障权责一致的必要手段，而且要加强领导，分清领导和被领导、决策和执行、政务和事务等的职权范围。

第三，加强行政立法方面关于行政机关责任的规定，在授予权力的同时，规定相应的法律责任。

在城市管理综合执法行政执法过程中，城市管理综合执法部门必须遵守相应的权限规定，如果不按规定的程序实施行政行为甚至是越权行政、滥用职权、徇私舞弊，以及对相对方不依法履行监督责任或者监督不力、对违法行为不予查处的，其负责人和直接责任人员必须承担相应的法律责任。

六、以人为本原则

以人为本是当今各国普遍认同的理念，我们社会主义国家的本质是人民当家做主，人民的利益高于一切，我们的每一项工作，都是为人民服务。从过去单纯追求经济增长，到全面、协调、可持续发展和以人为本，这是中国发展观和人本观的重大进步，是科学发展观和人文观的确立，也是全面推进依法行政应该坚持的基本原则。

坚持以人为本，就是坚持以不断满足人的全面需求、促进人的全面发展，促进经济和社会协调发展，推动社会主义物质文明、政治文明和精神文明全面进步，保持人和自然的和谐。城市是人类为满足自身生存和发展需要而创造的人工环境。在城市的自然环境背后，在高楼林立、车水马龙的物化环境后面，是人类社会的存在。财、物、信息、生态、时间、城市文化等虽然都是管理对象，但这些对象最终都是为人服务的。所以，城市管理的最根本的服务对象不是城市本身，而是生活在城市里的一个个活生生的人。城管执法工作的价值不在于处罚了多少人，还在于通过执法管理，充分调动人的积极性和自觉性，把最活跃的人的因素同其他各种物的因素有机地结合起来，推动城市的发展，从而满足人的各种生存和发展需要，并最终实现人的全面发展。

七、监督治理原则

城市管理综合执法涉及社会生活的面非常广，仅靠城市管理综合执法部门是难以实现的，还必须调动社会的力量进行监督，并发挥各有关部门的职能作用，齐抓共管，综合治理。要依靠人民群众、社区等社会组织、新闻舆论的大力协助和监督，实行群防群治。城市管理综合执法行政执法必须将城市管理综合执法的视角和触角延伸到社会的各个领域、各个方面，以协助政府和部门加强监管。各级城市管理综合执法部门在依法履行职责的同时，还应当在政府的统一领导下，依靠公安、交通、工商、建筑、市容环卫等有关部门的力量，加强沟通，密切配合。

八、执法原则功能

城市管理综合执法的基本原则作为直接调整城市管理综合执法的最主要、最具普遍价值的法律原则，贯穿于城市管理综合执法关系之中。城市管理综合执法的基本原则对于发展和完善城市管理综合执法法制具有特别的功能。

1. 有助于城市管理综合执法体系的统一、协调与稳定

城市管理综合执法领域和行政活动的广泛性、多样性和复杂性的特点，决定了城市管理综合执法法律规范的广泛性、多样性和复杂性。

2. 有助于城市管理综合执法实施的统一与协调

城市管理综合执法法律规范和城市管理综合执法主体的广泛性和复杂性，决定了城市管理综合执法实施的复杂性。

(1) 规范城市管理综合执法主体的行为；(2) 为准确地理解、适用和遵守城市管理综合执法法律规范提供依据；(3) 有助于发现并及时纠正城市管理综合执法中的不协调现象。

3. 有助于弥补城市管理综合执法法律规范的不足与疏漏，保证社会关系得到及时、必要的调整

由于人们认识上的局限性和社会情况的不断发展等主客观原因，任何国家的行政法律体系都难免存在疏漏与不足，使一些有必要由行政法律规范调整的社会关系得不到及时必要的调整，城市管理综合执法基本原则能弥补相关法律规范的疏漏与不足。

城市管理综合执法概论

第六章 城市管理综合执法的要件手段

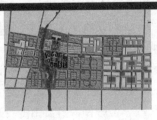

城管综合执法行为只有符合一定的法定条件，才能产生行政法律关系当事人双方或一方预期的效果，才是一种合法的行政执法行为。法律手段是行政执法权的载体，行政职权必须要通过执法手段、执法工具等物质力量才能付诸实施，执法手段是行政机关职权行使的表现形式，其完善与否直接会影响行政职权的效力。城市管理领域相对集中行政处罚权，使管理权与执法权分离，这是一种新型的城市管理模式，它的建立和运作，是适应市场经济形势下城市管理的需要，具有科学性、协调性、综合性、效率性的特点，体现了城市管理条块结合、以块为主，合理分工、相对集中的特色，在城市管理职能上具有很强的优势。

第一节　城市管理综合执法的要件

一、要件的涵义

城市管理综合执法要件，是指城管综合执法行为合法所应当具备的各种条件。基于行政行为具有公定力的原理，城市管理综合执法机关做出的城管综合执法行为，可以在相对人受领之后生效。但这并不意味着所有的城管综合执法行为都是合法的。城管综合执法行为只有符合一定的法定条件，才能产生行政法律关系当事人双方或一方预期的效果，才是一种合法的行政执法行为。这些条件就是城管综合执法所必须具备的合法要件。

二、要件的构成

城市管理综合执法要件的主要内容包括：

（一）主体合法

合法的行政行为必须是合法的主体实施。在这一问题上，应当注意与行政行为成立环节对主体的要求进行区分。在成立环节中，强调的是只有行政主体的行为才是行政行为，也只有出现了行政主体，才可能成立一个行政行为。然而，行政行为的成立并不意味着行政行为的必然合法。

自《行政诉讼法》实施以来，行政执法机关主体资格的确认，是行政执法机关依法行政的一个重要组成部分。在《行政处罚法》第三章行政处罚的实施机关中对行政执法机关的主体资格作了明确规定：

其一，行政处罚由具有行政处罚权的行政机关在法定职权范围内实施。

其二，国务院或者经国务院授权的省、自治区、直辖市人民政府可以决定一个行政机关行使有关行政机关的行政处罚权，但限制人身自由的行政处罚权只能由公安机关行使。

其三，法律、法规授权的具有管理公共事务职能的组织可以在法定授权范围内实施行政处罚。

其四，行政机关依照法律、法规或者规章的规定，可以在其法定权限内委托符合本法规定条件的组织实施行政处罚。

1.实施行政处罚权机关的主体特征是：

(1) 必须是行政机关在法定职权范围内实施行政处罚；
(2)《行政处罚法》为行政综合执法机关的主体资格确立了法律依据；
(3) 具有管理公共事务职能的组织实施行政处罚，必须由法律、法规的授权；
(4) 行政机关委托符合规定条件的组织实施行政处罚，必须由法律、法规、规章进行委托。

2. 城市管理综合执法主体需符合以下条件：

(1) 城管综合执法的主体合法方面的具体要求是必须由具备行政主体资格的城管机关来实施城管综合执法。市城管执法局和区县城市管理综合执法部门根据各地方法规规定能够实施城管综合执法。各队接受城管执法局的委托才能行使城市管理相对集中行政处罚权，不能以自己的名义管理相关事务。城管综合执法主体的内部机构也只能以市城管执法局的名义实施城管综合执法，不能以自己的名义实施城管综合执法。

(2) 只有城管综合执法主体的公职人员才能实施城管综合执法，勤杂人员等非公职人员不能实施城管综合执法。国务院办公厅63号文件明确规定集中行使行政处罚权的行政机关的执法人员必须是公务员。城管综合执法主体应当按照国务院办公厅63号文件的要求，严格录用城管综合执法人员。

（二）权限合法

每一个行政主体所享有的权力都是有一定的限度的，法律在赋予行政主体行政权时，往往同时规定行政权行使的范围和幅度，行政主体实施行政行为，必须在法律规定的权限范围以内，超出权限范围所实施的行为是违法行为。

根据国务院《关于进一步推进相对集中行政处罚权工作的决定》、国务院办公厅63号文件和各地方法律法规，城管综合执法主体的主要职权范围一般包括：市容环境卫生管理方面法律、法规和规章规定由市和区县行政机关和法律、法规授权的组织行使的行政处罚权；市政工程管理、绿化管理、水务管理、环境保护管理、公安交通管理、工商管理、建设管理、房地产管理和城市规划管理等方面法律、法规和规章规定由市和区县行政机关和法律、法规授权的组织行使的部分行政处罚权。城管综合执法主体应当在以上范围内行使行政处罚权，不能超过上述职权范围。

（三）内容合法

内容合法强调行政行为的内容应当符合法律的规定。我国是成文法国家，根据法律保留和法律优位的原则，没有法律根据行政主体不得科处义务、不得剥夺或限制权利，而在有法律规定的情况下，应当根据法律规定的条件和范围适用法律，对当事人的权利与义务进行处分。正确地适用法律、法规和规章，还包括严格按照法律规范的适用规则来适用法律规范。依照行政行为内容合法的原理，我们认为城管综合执法在内容合法方面应当做到以下几点：

1. 严格依照法律规定收集证据、确定相对人的违法事实，即在实施行政处罚以及与行政处罚相关的行政强制措施和行政检查等行政行为，在对相对人进行行政处罚或实施强制措施时应当事先进行调查，全面、准确地收集证据，明确相对人违法实施的行为。如果城管综合执法主体在没有事先调查或证据不足的情况下实施城管综合执法，则属于违反内容合法的要求，不是合法的行政行为。

2. 准确适用法律，即在诸多相关法律规范中选择正确的法律规范，保证执法行为有正确的法律依据。

3. 合理运用行政裁量权。城管综合执法的法律依据赋予了城管综合执法主体很多行政裁量权，执法主体应当遵守公平、公正的原则，依照相关法律规范的规定，大公无私，平等对待相对人，考虑是否初犯、相对人家庭状况如何、相对人动机是什么以及是否有加强处罚情节或减轻处罚情节等相关因素、不考虑相对人的性别、民族、宗教信仰等不相关因素，并在此基础上做出行政处罚决定，不对法律规范规定的行政处罚和强制措施范围以外的对象实施行政处罚和强制措施，不实施法律规范规定处罚种类以外的行政处罚种类，不能超出法律规范规定的处罚额度。

（四）程序合法

执法程序合法既是行政执法行为合法的保障，也是行政执法行为公正、合理、公开的保障，是保护行政管理相对人合法权益的有效屏障。

程序合法包括两个方面的内容：

1. 城管综合执法行为应当符合法律规定的方式，即制作行政处罚决定书，以书面做出行政处罚。

2. 城管综合执法行为应当符合法律规定的程序，包括遵守相关法律规范中规定的先调查、取证，再做出行政处罚决定；遵守回避原则，避免安排与相对人有近亲关系的执法人员处理具体相对人的违法行为；履行告知义务，告诉相对人执法依据、做出行政处罚决定的事实根据和法律根据以及相对人依法享有的程序权利和诉请救济的权利。在较大数额的罚款时告知相对人可以申请听证，并在相对人申请举行听证后举行听证会。最后，依法执行行政处罚决定，在强制执行之前给予相对人合法或合理的履行时限，能够使用间接行政强制执行方法的不使用直接行政强制执行手段，并在执行决定之时为相对人提供上海市人民政府统一制作的处罚票据。

总之，城管综合执法构成的合法要件非常重要。首先，城管综合执法是否合法是关系到城市管理活动是否做到依法行政的决定性因素，行政主体应当按照上述要求自觉地约束自己的行政行为；其次，在行政复议和行政诉讼中，复议机关和法院也主要是根据这些条件对城管综合执法行为进行全面审查，对不符合上述条件的城管综合执法行为加以撤销，如果行政行为违反以上要求的任何一方面，行政行为就是违法的，在导致相对人合法权利遭受实际侵害时，应当承担国家赔偿责任。

第二节 城市管理综合执法的手段

一、现有执法的手段

法律手段是行政执法权的载体，行政职权必须要通过执法手段、执法工具等物质力量才能付诸实施，执法手段是行政机关职权行使的表现形式，其完善与否直接会影响行政职权的效力。

为此，我们在探讨城管综合执法相关法律问题时，对城管综合执法现有的法律手段十分关注。

第一，行政处罚手段。行政处罚是城管执法人员普遍实施的行政执法行为，如警告、罚款、没收非法所得、没收非法财物等。

第二，行政强制手段。行政强制包括行政强制措施和行政强制执行，目前城管执法部门执行的行政强制执行有强制拆除、代为清除、代为拆除、代为清洗或者粉刷等执法手段。行政强制措施则比较少，主要是暂扣。

（一）强制性执法手段不足

城管综合执法机关强制性执法手段的不足主要表现为城管执法机关不能有效运用行政强制这一执法手段。

关于行政强制的内容主要包括行政强制措施和行政强制执行两个方面：

1. 行政强制措施，是指国家行政机关或者法律授权的组织，为了预防或制止正在发生或者可能发生的违法行为、危险状态以及不利后果，或者为了保全证据、确保案件查处工作的顺利进行而对相对人的财产、人身自由予以强制限制的一种具体行政行为。

2. 行政强制执行，是指公民、法人或者其他社会组织逾期不履行行政法上的义务时，国家行政机关依法采取必要的强制性措施，迫使其履行义务，或达到与履行义务相同状态的具体行政行为。

也就是说，行政强制是为实现行政目的或者当行政相对人不履行行政法上的义务时，有关国家机关（包括行政机关和人民法院）针对行政相对人的财产、人身或者行为所采取的单方面强制行为。行政强制与行政处罚虽然是两类不同性质的具体行政行为，但二者之间有内在的必然联系。

相对集中行政处罚权工作开展以来，在城管执法部门行使行政处罚权的实践中，面临的难题是做出行政处罚决定以后没有行使行政强制的权力，使城市管理难以有效地进行，主要有以下两种表现：

首先，城管综合执法主体几乎不能实施行政强制措施。行政处罚权虽然转移了，但是相应的行政强制措施权却没被转移，相应的强硬执法手段还在管理职能部门那里。例如，属于相对集中处罚权范围的违章堆物占用道路的行为、经营者占道设摊的行为，由于临时占用城市道路的审批由市政工程管理部门和公安交通管理部门按各自的职责负责，工商营业执照是由相关工商行政管理部门核发，法律法规规定只有发证部门才有暂扣证件的行政权力，因此城管执法机关就无权在查处这些违法案件中行使暂扣证件的行政强制措施，造成城管执法手段严重不足，执法只能治标不治本。

其次，城管综合执法主体的行政强制执行权不够。由于行政处罚权相对集中后，城管执法部门的执法任务大增、处罚案件也相应增加，需要强制执行的行政处罚决定自然也增加。但由于相对集中行政处罚权实施机关的行政强制执行权仅限于代为清除等几种间接行政强制执行手段和强制拆除，为此，经常发生行政处罚决定难以执行，或者城管执法部门要花费很多精力申请人民法院强制执行，或者要求其他行政职能机关强制执行，最终的结果都是行政效率低下。

从行政法理论上来看，行政处罚与行政强制两种执法手段是密不可分的，将行政处罚与行政强制割裂开来，不符合行政法的基本原理，容易在执法实践中引发各种矛盾。因此，城管执法部门在行使行政处罚权时，应当有权依照相关法律、法规和规章的规定，采取相应的行政强制措施。

（二）非强制性执法手段缺乏

传统行政法学，历来强调行政行为的强制性，将其视为行政行为的基本特征，并认定强制性为一般行政行为必不可少的构成要素。伴随社会主义市场经济的发展和成熟，政府行使职能的手段不断发生变化，法制的规模和功能不断扩张，即：越来越多地采用带有契约、指导、协商、鼓励、帮助等具有私法性质的柔性手段来服务公众、管理社会。目前，大家对实施行政指导、行政合同、行政奖励、行政调解、行政资助、行政信息服务这一类非强制行政行为十分关注。

针对当前反复出现的非法小广告、无照经营等城市的痼疾顽症，在管理上依然采取运动式的监管模式，执法手段较为单一，非强制性执法手段缺乏，整治效果不明显。这些痼疾顽症难以根除，除管理上缺乏强制性执法手段外，现有的行政处罚手段也不足以对违法行为起到警戒和惩罚的作用外，导致了一个极端，即除了罚款或者没收，城管队员几乎再无其他执法手段，城管和商贩之间的矛盾日益加大。如果城管执法部门能够多采取一些人性化，以教育为主的非强制性执法手段，或许能得到更好的执法效果。

不同的职能模式会采取不同的执法手段，从法学角度认识当代政府的职能履行方式，许多学者用"高权行政"与"非权力行政"两个概念来予以概括。根据我国的政府职能模式，似乎以"强制行政"和"非强制行政"的概念代替"高权行政"与"非权力行政"更为合适。"强制行政"是我国在计划经济模式下主要采取的执法手段，那时的社会自治能力比较弱，为了维护社会秩序、保护大多数人的利益，必须采取强制性的执法手段。进入市场经济模式后，行政相对方成为具有自主性、自为性、自律性、自觉性，某种主导的、主动的地位的市场法律主体。它打破了传统的权力与服从关系模式，以非强制方式来实现行政。这种执法方式表明了行政权的民主性，符合当前公共行政改革的方向，体现了现代行政发展的趋势。

在当前，城管综合执法的管理必须要遵循市场经济活动的主体规则，不能单以强制性的处罚手段为主,权力的体现既可以是显性的,也可以是隐性的,既可以通过强制手段实现,也可以通过非强制手段来实现。因此,对强制性执法手段进行理性界定并通过法律规则进行严格控制,并适当多采取一些以说服、沟通、教育、指导为主的非强制手段,引导行政相对人与城管执法者积极合作,这应成为城管综合执法的发展趋势。

二、执法手段的完善

目前城管综合执法主体的执法手段不够丰富,主要是行政处罚,辅之以代为清除等几种间接行政强制执行方式和强制拆除这种直接行政强制执行方式。这种情况应当得到改变,城管综合执法地方性立法应当从以下三个方面着手规定城管综合执法主体的执法手段:

1. 应当明确赋予城管综合执法主体行政调查权和行政强制权。任何一个主体在具体执法时都应当拥有相应的行政调查权和行政强制权。行政主体拥有这些权力并不意味着就一定要时时刻刻地使用这些权力,特别是行政强制权。很多情况下,我们还是希望违法行为的实施主体主动实施行政主体做出的行政决定,但是,一旦违法行为的实施主体不履行相应的义务,拒绝执行行政主体做出的行政决定,行政主体就需要依靠行政强制权强制实施行政决定,保证履行法律规定的职责,保证社会秩序不被破坏。

城管综合执法主体同样需要相应的行政调查权和行政强制权,以便在具体执法过程中使用行政调查和行政强制的执法手段执行城管法律规范。尤其是城管综合执法往往需要快速处理违法行为,否则,违法行为实施人就会逃之夭夭。因此,仅凭不太适合于快速执法的几种间接行政强制执行手段和强制拆除方法是难以有效处理城管违法现象的。我们建议,城管综合执法地方性立法直接授予城管执法主体实施行政强制措施和直接行政强制执行的权力。

当前,赋予城管执法主体行政调查权和行政强制权尤为重要。原因在于城管综合执法改革还是一个新生事物,还没有得到广泛深入的认可,执法压力还很大。前文提到的城管执法人员的身份不被认可就充分说明了需要赋予城管执法主体以行政调查权和行政强制权以保证城管综合执法能够顺利进行,保证城管综合执法的职责与执法手段相匹配,保证行政执法体制改革的深入进行。

2. 应当赋予城管执法主体颁发营业执照或介入营业执照颁发等行政许可方面的执法手段。目前城管执法手段基本上就是行政处罚,执法手段相对单一,而实践中城管执法主体面对的具体情况又是纷繁复杂、千变万化的,以相对单一的执法手段面对纷繁复杂的执法环境,难免捉襟见肘。崔英杰案就充分说明了单一的执法手段不能公平、合理地处置复杂的具体执法案例,强行推行单一的执法方式只能导致执法者与相对人之间的矛盾趋于激化。因此,我们主张增加城管执法主体的执法手段。

具体而言,在传统的强制性执法手段中,颁发营业执照并对其进行监督管理是比较适合于城管综合执法主体享有的执法手段。城管综合执法主体可以享有一定的行政许可权,通过控制许可证、实施许可权的人员、地点和时间的方式,既能有效履行法定职责,又能给部分公民一定的缓冲的余地,既保证城市管理秩序得到维护,又保护部分公民的合法权益。例如,可以规定,在部分路段对街头摊点实行许可制度,城管综合执法主体通过行使行政许可权或者行政许可实施监督管理权的方式对街头摊点进行管理,维护市容整洁,保证社会秩序。同时,小摊小贩的生存权也可以得到保证。执法者与相对人之间的矛盾趋于缓和,有利于和谐社会的建设,避免再次发生崔英杰案这样的惨剧。

3.还应当赋予城管执法主体一定的柔性执法手段。行政执法手段的非强制化是当代公共行政管理改革的趋势之一,"由于传统行政模式日益向现代民主型模式转化、在行政活动的具体方式上,体现刚性的行政命令、行政强制、行政处罚等类型行政行为的作用相对下降,而体现柔性的行政合同、行政指导等非强制行政方式正越来越多地受到人们重视。"①

赋予城管执法主体柔性执法手段既是与国际潮流接轨的重要体现,又是我国建设和谐社会的表现形式之一,还是提高城管执法效率的办法之一。例如,城管综合执法主体可以采用倡导、号召、引导、劝告、警示等行政指导方式,向公民、法人或其他组织,尤其是违法摆摊设点的商贩提供最新的就业资讯或行业动态,引导他们向相关行业发展,在促进社会就业的同时也使得违法摆摊设点的商贩减少,从而部分或完全达到维护市容整洁、保障工商业秩序的执法目的。

---

① 姜明安主编:《行政执法研究》,北京大学出版社 2004 年版,第 155 页。

城市管理综合执法概论

7

第七章 城市管理综合执法的信息档案

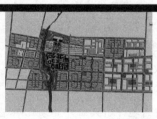

城市管理综合执法过程中，如何使执法人员的执法信息在执法行为实施以后通过适当的程序监督录入信息采集系统，并达到对其执法行为的有效责任追究和依法行政的实现，是我们必须解决的重要问题。否则，再好的制度条件也很难真正使城市管理行政执法产生法治化的效果。为解决这个问题，本章将对城市管理综合执法信息档案的建设予以探讨。

第一节 城市管理综合执法信息档案的重要作用

一、城市管理综合执法信息档案的建构必要

城市管理行政执法工作是行政体制改革后的一项新工作，由于工作内容广而杂，在个别领域工作难度相对较大，又无固定模式可循，执法人员在工作中容易出现"拖、跟、怕"的情况，"拖"即拖延办理案子；"跟"即跟在其他队员后面工作；"怕"即工作畏难情绪较重，怕出错而怕做事，而之前对执法人员的考核也无法做到有据可查、公正公平，"大锅饭"现象明显。因此，建立执法信息档案，不仅有助于改变考核工作的无序化状态，同时可以通过创建较明晰的执法工作流程，把执法人员在执法过程中的第一手资料经过归档的程序固定下来，为下一步执法工作的改进和提高行政执法管理工作的规范性、科学性和实效性，积累大量的基础数据，是宝贵的信息资源。

二、城市管理综合执法信息档案的重要作用

在执法管理工作中，通过利用执法信息档案，可以发挥以下作用：

（一）"混、畏难、不会干"的现象得到了约束

通常说"混"是指执法人员（以下称队员）到岗但不尽责；"畏难"是指怕做事；"不会干"一种情况是全面的懂但是做不专、做不出成绩，另一种情况是什么都不懂也什么都不专。人的惰性是难免的，如何来激励和约束就要看我们的制度如何来设计。执法信息档案的建设能明确记录每个队员的工作量，并能从一定程度上反映队员的工作实效，每月公布一次队员个人执法信息，工作量的数据化能使积极工作的队员得到肯定，也能使消极工作的队员得到激励，这样不但能打破工作的"大锅饭"，还能打破责任承担的"大锅饭"。

（二）为考核提供依据，为个人工作绩效档案建设提供便利

队员执法信息档案的建立为执法工作的量化管理提供了信息资源，有助于比较被考核对象的工作实效情况，客观、恰当地评价其工作业绩和不足方面，为上级部门的考核工作提供参考资料，同时也能为执法队员个人档案建设提供便利。

（三）为日常执法工作和人才培养提供指引

执法信息档案记录的执法信息能收集反映队员处理的各种案件类型，如此一来，各分队及大队能掌握辖区队员擅长的城市管理行政执法内容，一方面能在日常工作中根据各队员的长处优化小组人员组合，另一方面能辨识各执法

队员的工作短处，可以针对个人不同情况有针对性地进行定期培训。

例如：各区县分队建立队员执法信息档案的用途主要为年考核提供依据，并在需要时对"业务瘸腿"队员进行培训。

年考核是分队和大队依据业务考核的要求，根据执法信息档案记录的队员日常执法数据对每位队员是否符合考核要求进行审查。

"业务瘸腿"队员的培训是根据每位队员执法信息档案记录的日常执法数据，使各分队长能摸底、掌握各队员业务基本情况，档案中能清楚地反映每位队员每类业务的处理数量，在一定程度上能客观地反映队员擅长处理某类业务，或处理哪些业务是没有经验的，对于某类业务"瘸腿"的队员进行必要的培训，使分队各队员的经验能最大限度地流通，为队员的工作创造更大的发展空间。

第二节 城市管理综合执法信息档案的基本内容

执法信息档案主要收集三方面数据：案件基本情况、违章当事人基本情况和队员执法基本情况。

一、案件的基本情况

记录5项内容：案件类型、查处日期、罚款金额、到账日期、记账月份。其中案件类型分一般程序案件和简易程序案件记录。

1. 一般程序案件：(1) 整改单号；(2) 流水号；(3) 决定书号。
2. 简易程序案件：(1) 整改单号；(2) 决定书号；(3) 收据号。

罚款金额填写处罚并缴入财政账户的罚款金额，有滞纳金的，在实际处罚金额后括号内另行注明。

二、当事人基本情况

记录2项内容：违章性质、单独整改。

填写违章当事人的单位（个人）名称，违章发生地点、违章的性质、整改情况。如对违章当事人仅给予教育并责令整改的行政行为，应当完整填写本项目，以此反映当天的工作情况，单独整改栏目中应当准确填写发放的整改通知书序列号码。

三、队员执法的情况

记录6项内容：岗位、案件主办、案件协办、文书质量、分队督察、大队督察。

1. 案件主办和协办：(1) 根据每一起教育、查处的违章案件，如实记录案件的主办人员和协办人员，填写时应填写队员的全名；(2) 制作简易程序案件时，当场行政处罚书署名第一位的队员为案件主办，其他为案件协办人员。制作一般程序案件时，立案报告上署名的第一位队员为案件主办，其他人员为案件协办人员；(3) 案件主办为第一责任人，进行月度考评和年终考评时享有对等的权利和义务。

2. 文书质量：由大队监察科、大队督察组填写，准确填写每一起案件的奖（扣）分总数，内容包括文书制作情况、程序规范和法律适用情况、案件回访情况等。

3. 分队督察：各分队根据每位队员工作岗位职责，以道路实效、队容队纪等为内容，对每位队员的工作情况进行督察，根据大队考核要求，将督察情况对照扣（奖）分标准，确定每位队员每日实效考核奖（扣）分数情况，如实填写入统计表内。

4. 大队督察：根据每日督察情况，以分队为单位，对照每位队员的岗位职责，确定扣（奖）分数。

四、建档流程的设计

1. 分队队员完成每日执法任务后填写案件基本情况和违章当事人基本情况表，分队领导（分队督察员）在完成当天督察工作后，完成执法报表、勤务手册和督察记录工作，在结束当天工作前，由分队领导将相关报表汇总至分队统一的收发文件箱内。

2. 分队内勤在每日 10 时前将前一个工作日内各类执法数据进行汇总并填写入《城市管理执法信息档案统计表》内，连同案件材料 11 点前报送大队监察科办案组。

3. 大队监察科办案组在收到分队上报的《城市管理执法信息档案统计表》和案件材料后，及时进行审核。发现有不符合要求的案件和不完整的执法信息，将案件退回并责成分队将执法信息补充完整。

4. 大队监察科办案组每日 10 时 30 分前将前一个工作日分队上报的案件进行审查，发现问题的，及时记录并将奖（扣）分情况准确填写入《城市管理执法信息档案统计表》内。

5. 大队监察科办案组每日 16 时前完成前一个工作日各分队执法数据的统计和汇总。

6. 每月 10 日前，大队监察科办案组做出前一个月的分队月度执法信息汇总表。

以下，我们梳理了执法信息档案建立全过程的简明流程如下所示：

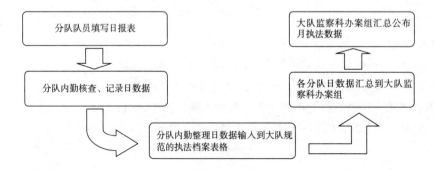

第三节 城市管理综合执法信息档案的建设管理

一、现行信息档案的评价

随着执法信息档案工作的开展,在执法数据的明细化方面取得了较大成果,它将以前以每个分队为单位的月汇总数据和年汇总数据的要求,细化到了以每个分队队员为单位的数据汇总,这是一大进步,虽然数据采集的细化增加了相关部门的工作量,但从实效角度看,执法信息档案的建立其利远大与弊。

执法信息档案实施时间虽短,目前还处于初期探索阶段,但其成效是明显的。从执法信息档案数据的记录和分析中,能以客观数据说明:

1. 每个队员的工作总量,该队员每类案件的总量,该队员处罚金额总量,该队员承担主要责任的案件数量,该队员文书制作能力等综合数据,能侧面折射出该队员案件处理的数量和实际效果。

2. 分队管理区域内各类案件的总量和数量比,区域内多发哪类案件,哪类案件集中或多发于哪些街道、门牌号,哪类案件频发于某几个或某类人员都能一目了然,分队领导对本区域内的管理重点因此而清晰化,便于针对各类案件具体情况实施重点整治。

3. 大队根据分队汇总的执法信息数据能更细化的掌握本区各分队、各分队队员工作的现状,便于有针对性地进行业务指导和加强管理,推进各项工作的开展。

4. 上报市局的数据有底可查,并能根据统统要求实现快速、准确地上报各类信息。

相关执法单位的实践证明,执法信息档案的建立使大队能准确、全面的掌握本区城市管理行政执法业务工作的动态,并能为大队领导的决策提供良好、可靠的参考;虽然档案的建立会加大工作量,但操作更规范化,实效明显。查档案就能清楚每个队员的业务量和业务长处,掌握本管理区域案件多发类型和地段,能为分队整体性工作和队员的日常工作提供指引;也得到执法队员们对档案记录的肯定,他们对实施记录个人执法信息无异议。分队内定期公布队员执法信息还能起到自省、自警的作用,形成良性竞争,也为执法人员关键指标的绩效考核奠定了较好的群众基础。

二、信息档案存在的问题

在执法信息档案工作推进过程中,虽然取得了一定成效,但是随着执法工作的不断深入,实际操作中的问题也逐渐显现出来。

1. 突击性、阶段性工作开展时信息记录具有一定难度。为跨区域重大活动的需要,或者本区域整体管理的需要,各街道分队常常会出现突击性和阶段性的执法活动,如专项整治、夜排档等专项整治联合行动,对于类似执法活动在执法信息档案的数据记录中目前各街道分队有自己不同的处理方式,出现此情况的原因也是由于突击性、阶段性工作开展时可能跨越了执法区域、案件主办和协办无法区分或者内容仅为协助其他行政主管部门的工作，按照执法信息档案目前的规范要求，该类活动记录具一定难度。

2. 受限于区域内各街道分队硬件配置不到位和设施建设参差不齐，个别街道分队数据的整理和传递相对具有滞后性。个别分队已经实现计算机网络连接，而一些分队则硬件配备跟不上，网络也没有连通，日数据的记录和报送人工耗费较大，数据的传递送达滞后。

三、信息档案完善的建议

建立执法信息档案是一次推进执法工作发展的良好尝试，经过实践已初显优势，经过对一些地区实施情况的考察，认为是有利于推进城市管理行政执法工作的，也是一项值得在各城市铺开的执法建设内容。新事物在其发展过程中不可避免会出现一些问题，问题的发现和解决是推动行政执法工作进一步完善与发展的动力，我们从以下方面做进一步的改进：

（一）适当前移执法信息档案数据采集规范化的关口

执法信息档案是以表格的形式记录执法信息，各分队按照大队下发的统一格式和记载内容要求进行采集，采集工作一般由分队内勤来完成。目前各分队实际工作中，如前述"简要流程图"所示，内勤在输入日数据到大队规范的执法档案表格之前，先由各分队内勤核查、记录日数据，内勤核查、记录日数据方法多样。各分队一般都有一套自己的记录内容和记录方式，执法信息档案建设工作开展较好的分队记录非常详实，可查阅项较全面，记录保存量大，建议执法信息档案工作的铺开过程能更具前瞻性，将信息数据采集规范化的关口适当前移至内勤记录日数据，以更有利于后续问题的处理。

（二）统一突击性、阶段性活动在信息档案中的记录口径

各分队根据分队情况对此类活动的处理固然行得通，但每个分队因处理标准的差异出现的信息数据差异，上报到大队就会造成数据的缺失而有损公平。建议在执法信息档案建设铺开之前，试点区大队能在全面了解各分队处理此类数据方式的基础上，汲取好的经验和方法，就这类数据如何记录到信息档案的标准上给出一个合理的处理口径，完全的"一刀切"只能在短期内解决某些问题，而长期则容易导致更多新问题的出现，因此处理口径的选择原则性不可失，灵活性也需兼顾。

（三）充实执法信息档案建设发展的研究力量

在调研过程中我们发现，由于城市管理行政执法工作还处于初级阶段，遇到的各种问题多而复杂，担子重、责任大，执法信息档案建设工作需要不断完善，其后续发展还需要进行不断探索。目前虽然有些问题我们已经意识到了，也在积极寻觅对策解决，但由于各方面因素的影响，执法信息档案建设的研究力量还远远不足，因此，适当充实执法信息档案建设的研究力量对推进行政执法工作有积极的作用。

城市管理综合执法概论

第八章 城市管理综合执法的立法循法

 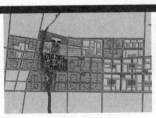  

有城市管理的法律，不等于城市管理就实现了法治，法治是指在某一社会中，任何人都必须遵守法律，包括制订者和执行者本身。国家机关（特别是行政机关）的行为必须是法律或法规许可的，而这些法律或法规本身是经过某一特定程序产生的。即法律是社会最高的规则，没有任何人或组织机构可以凌驾于法律之上。法治包含两重意义：已成立的法律获得普遍的服从，而大家所服从的法律又应该本身是制定得良好的法律。这就是说，所谓法治，即良法与守法的结合。"法治"一词借鉴自西方，传统的观点认为西方现代法治是融合了形式法治的实质法治观，实质法治是在人们对形式法治的批判中渐渐占据优势的。① 虽然实质法治是更为高级的法治，但是实质法治本身也有其实施的难题，但这并没有影响实质法治作为西方法治观的共识。② 我们认为应遵循融合形式法治的实质法治观来探寻城市管理综合执法的法治，本章以上海城市管理综合执法的立法法治、执法法治和监督法治为例，探讨城市管理综合执法的法治之路。

第一节　城市管理综合执法的立法与循法

一、城市管理综合执法立法的应然标准

城市管理的法必须满足法本身的属性标准，除此之外法还应当满足某些正义性的标准，这样的法才能称其为"良法"。同时，下位阶的立法在内容上须同上位法相一致。因此，城市管理立法法治的应然标准，按照实质法治的要求应具备三个条件：(1) 法的属性标准，即具有明确性、公开性和稳定性。(2) 法应当体现正义和民主价值，城市管理行政立法不能制定违反平等、合理、民主和个人尊严等正义观念的法律。(3) 内容符合上位法。

二、城市管理综合执法立法的现实状态

（一）萌芽——《上海市街道监察处罚暂行规定》

根据《中华人民共和国行政处罚法》第16条的规定，上海市人民政府发布了第40号令《上海市街道监察处罚暂行规定》，在街道办事处设立街道监察队，街道监察队由街道办事处领导，依据本规定实施行政处罚，并接受有关行政主管部门的业务指导和监督。街道办事处有权组织、协调辖区内的公安、工商、税务等机构，依法支持、配合街道监察队的监察处罚活动。街道监察队在辖区内对违反市容、环境卫生、环境保护、规划、市政设施保护、绿化等城市管理法律、法规、规章规定且情节较轻的行为，可以依照本规定处以警告、罚款。

（二）尝试——《上海市人民代表大会常务委员会关于同意在本市进行城市管理综合执法试点工作的决定》和《上海市城市管理综合执法暂行规定》

---

① 刘莘主编.法治政府与行政决策、行政立法 [M].北京大学出版社，2006年版，第270页。
② 现代西方的实质法治是指国家制定符合某种价值标准，诸如保障人权和限制国家公权力滥用的法律，且法律受到普遍的遵守而形成一定的法秩序。

2000年7月13日上海市第十一届人民代表大会常务委员会第二十次会议审议了市人民政府提出的《上海市城市管理综合执法试点工作方案草案》。城市管理综合执法即相对集中行政处罚权的试点，是上海在城市管理执法体制改革方面所作的尝试和探索。根据2000年12月1日起施行的《暂行规定》在本市部分区进行以市容市貌管理为主要内容的综合执法试点，授予试点区组建的城市管理监察大队行使本决定规定范围内的行政处罚权。

（三）展开——《上海市城市管理相对集中行政处罚权暂行办法》

随着2004年2月1日起施行《暂行办法》，即上海市人民政府第17号令，表明上海城管从试点工作进入了全面展开阶段，明确上海城管执法部门在行政区域内行使城市管理相对集中行政处罚权以及与行政处罚权相关的行政强制权和行政检查权。城市管理行政处罚权相对集中后，有关的区县行政机关和法律、法规授权的组织不得再行使已由区县城管大队集中行使的行政处罚权；仍然行使的，做出的行政处罚决定无效。

（四）定型——《上海市人民政府关于修改〈上海市城市管理相对集中行政处罚权暂行办法〉的决定》

根据国务院《关于进一步推进相对集中行政处罚权工作的决定》精神，上海市政府审议通过了《关于本市开展市级层面城市管理领域相对集中行政处罚权工作的决定》及《关于修改〈上海市城市管理相对集中行政处罚权暂行规定〉的决定》（上海市人民政府令第41号，自2005年3月1日起施行）。全市包括市级层面的城市管理领域相对集中行政处罚权工作全面展开，同时扩大了执法范围，进一步明确了管理体制和完善了机构设置。

目前专门针对上海城市管理行政执法的立法数量不多，但城管执法部门的执法依据却远远不止于此。上海城管执法涵盖了市容环境卫生、市政工程、绿化、水务、环境保护、公共交通、工商行政、城市建设、城市规划、房地产等十类管理职能中13个方面167项行政处罚权（浦东为14类710项），基本包含了城市管理的各个方面。

三、城市管理综合执法立法存在的问题

（一）立法上下位不符

上海城市管理行政执法机构的主体资格，是由市政府41号令授权的。而关于对行政处罚的实施机关的授权，《中华人民共和国行政处罚法》第十七条明确规定：法律、法规授权的具有管理公共事务职能的组织可以在法定授权范围内实施行政处罚。换言之只有法律、法规授权的组织才可以行使行政处罚权，而《上海市城市管理相对集中行政处罚权暂行办法》只是政府规章，其效力和级别达不到《行政处罚法》第十七条规定要求。

（二）立法明确性不够

虽然41号令也划定了执法的范围、明确了执法的机构，但对执法的法律地位、队伍称谓、管理体制、执法区域问题；职能问题，如职能定位，职能划

转原则等；执法手段问题，如明确扣缴、抵缴、代履行、终止服务等；协调配合问题，如理顺执法队伍与相关职能部门间的纵向和横向关系，建立相应的协调配合机制，确定相应的协调形式、程序以及责任，明确行政机关之间的一些必须履行、相互负责的义务等诸多问题没有明确的规定。

(三) 立法缺乏稳定性

城管执法的一个重要特征就是综合性，城管似乎"无所不管"，执法职能与房地、工商、规划、绿化、公安交通等政府部门均有交叉，而且这种执法范围缺乏稳定性，今年城管不能涉足的管理领域，可能明年下发一个红头文件就允许管了，反之亦然。

(四) 立法公开性不足

法规、规章和其他规范性文件存在宣讲不够的缺点，规范性法律文件虽然公布或修改了，但是公布或修改不等于公众就对其内容了解了。另外，除城市管理领域的行政法规和规章外，目前还存在大量的其他规范性文件，这些其他规范性文件具有普遍约束力，其中有大量涉及行政相对人权益的规则，但是这部分规范性文件的透明性不高。

四、城市管理综合执法立法的优化建议

(一) 制定行政法规，配套政府规章，解决立法的明确性和稳定性

1. 制定法的内容尽可能的具体，尤其是关于公民权利和义务的规定要尽可能详细；

2. 城市管理行政立法是否符合明确性要求应当成为制定法规和规章时审查的内容。

审视上海实情，建议按照上位法的要求，完善符合立法明确性要求的《上海市城市管理行政执法条例》。为城市管理相对集中行政处罚权工作的规范进行提供相应的法律保障，应发挥地方人大立法的作用，尽快完善《上海市城市管理行政执法条例》。该法规应着眼于解决城管执法的法律地位、队伍称谓、管理体制、执法区域等方面问题。一是职责权限，对市和区（县）两级城管执法机关的性质、地位和职责权限进一步明确，达到机构合法、职责清楚、有权有责、社会周知的效果。二是执法规范，对城管执法机关的执法制度、执法措施、强制手段、执法程序等，根据现行法律依据，明确提出规范和要求。三是执法配合，规定建立城管执法机关和相关部门之间的信息共享、许可告知、案件移送等工作机制。四是执法监督，明确监察机关对城管执法机关和相关部门、城管执法机关对相关部门、相关部门和社会各界对城管执法机关、城管执法机关对其执法人员的执法监督责任。

建立与《上海市城市管理行政执法条例》相配套，体现立法稳定性的城管规章体系。制定相关的配套政府规章，解决如下问题：(1) 单行的执法依据规定的比较原则、缺乏操作性的问题；(2) 城市管理中出现新的违法行为，单行的法律、法规没有规定，缺少执法依据的。例如城市小广告的查处和治理，

现行立法没有相应执法依据，地方立法规定又缺乏必要的治理力度；(3) 城管执法机关执法强制手段不足，造成执法力度欠缺，难以达到应有的执法效果。例如在实际工作中，执法机关面临非常广的查处无证摊贩任务，对无证摊贩只能按照处罚法规定采取暂扣物品的方式，明显难以与其承担的执法任务相适应。

（二）建立和完善保障行政公开性的具体制度

行政公开是民主政治的基本要求，也是主权在民的重要体现。① 城市管理行政部门应践行 2008 年 5 月 1 日实施的《政府信息公开条例》和 2008 年 5 月 12 日国务院做出的《关于加强市县政府依法行政的决定》。除了城市管理领域的行政法规和规章外，目前还存在大量的其他规范性文件，按照公开性的要求，建议这些具有普遍约束力的其他规范性文件，凡是涉及公民权益的都予以公开，而不论其是否行政立法。

现行城市管理涉及的法律、法规和地方规章的制定和修改，通过执法队员的例常轮训基本能使执法者理解并知晓，但由于缺乏宣讲体制，使得行政相对人对其内容不甚了解，公众对这些执法依据也不清楚，客观上为阻碍执法埋下伏笔。我们建议建立城市管理领域规范性法律文件的宣讲体制，可由城市管理执法部门设专人负责宣讲工作，运用大众和分众传媒方式，通过网络、新闻媒体、报纸、宣传手册和宣传栏向社会宣讲。

（三）保障在立法中充分体现社会公平和民主

公平的法是不同利益主体之间的平衡与妥协，而不是强者的利益取代弱者的利益，仅体现强者利益的法不是公平的法。公平性首先应当体现参与的平等，我们目前城市管理行政立法领域的公民参与还不够，更不要谈平等参与了。解决这个问题，建议行政机关在制定影响行政相对人权利义务的法律、法规和规范性文件时应当平等地征询，包括数量上对等地听取意见。

必须平等、公正地分配执法主体之间的权利义务。没有立法公平，法治的其他要求或内容都将化为泡影。② 涉及行政主体与行政相对人权利义务配置的城市管理行政立法中，为保证行政主体正确行使实体权力，必须赋予行政主体严格的程序义务；在保证行政相对人遵守实体义务的同时，必须确保行政相对人享有足够的程序权利。

（四）完善违反上位法的纠偏救济机制

《上海市行政规范性文件制定和备案规定》出台已近 6 年，但是文件制定主体不合格、违反上位法或国家有关政策的情况仍有出现，例如，有单位制定了根据国家有关规定应当由其上级行政机关制定的文件；个别单位制定的文件涉及其他委办局的行政管理职能，却没有联合发文；有的文件中对属于应公开的政府信息作了限制性规定；有的文件中对国家法律明确规定的期限擅自做出修改。③ 要畅通救济机制需要上海城市管理行政执法的下级行政机关服从上级

---

① 杨海坤、章志远著.中国特色政府法治论研究[M].北京：法律出版社，2008 年版，第 56 页。
② 谢晖.法律信仰的理念与基础[M].济南：山东人民出版社，1997 年版，第 492 页。
③ 上海市政府法制办综合业务处、上海市行政法制研究所编.上海政府法治简报，2008 年第 8 期。

行政机关，需要确立上级行政机关对下级机关有足够的控制力和约束力，建议强化市局作为上级行政机关对作为下级行政机关的区县局的控制力和约束力。

第二节　城市管理综合执法循法的法治

一、城市管理综合执法循法的应然标准

行政机关实施行政管理必须由法定的有权主体根据明确、公开的执法依据实施，并且执法的程序应当符合正义性的要求，须遵循平等、公平的原则。因此，城市管理执法的应然法治标准，按照实质法治的要求应具备三个条件：(1) 城市管理行政执法授权与控权相统一，注重行政权力行使过程中的法律控制；(2) 行政执法应当遵循平等与公平原则；(3) 行政执法程序正义。

二、城市管理综合执法循法的现实状态

自1978年我国改革开放以来，社会经济快速发展、城市建设不断加快、外来人口频繁流动，传统城市管理模式遇到前所未有的挑战。当时的应对之策是开展专业执法，导致随后参与城市管理的行政执法队伍迅速膨胀。在20世纪80年代中期以后，上海开始尝试联合执法，一定程度上弥补了专业执法的缺陷，但仍面临无制度保障、组织松散、主体不合法、程序不规范、权责不清楚等问题。到20世纪90年代中期，上海市级执法机构120家，法定行政机关68家（占56.67%），授权组织、委托组织52家（占43.33%）。在市场经济条件下，这些执法主体由于职能过窄，各管一段，经常产生冲突，无法保证执法效果。

1996年出台的《行政处罚法》规定"国务院或者经国务院授权的省、自治区、直辖市人民政府可以决定一个行政机关行使有关行政机关的行政处罚权，但限制人身自由的行政处罚权只能由公安机关行使"。随之，上海市人民政府根据实际需要，开始了相对集中行政处罚权的试点工作，即通过一定的法律程序，将若干有关行政机关的行政处罚权集中起来，交由一个行政机关统一行使，从根本上遏制了执法队伍的无序膨胀状态。城市管理综合执法是行政执法方式的一次新整合，也是行政管理体制的一项改革举措。上海自1997年起，对街道层面进行城市管理综合执法的探索和实践，以后又逐步提升到区县和市的层面。经过10余年的实践，在提高人员质量、减少队伍数量、降低执法成本、提高行政执法水平和效率，促进行政管理体制改革等方面，取得了显著成效：

1. 综合职能全面。上海城管执法涵盖了市容环境卫生、市政工程、绿化、水务、环境保护、公共交通、工商行政、城市建设、城市规划、房地产等十类管理职能中13个方面167项行政处罚权（浦东为14类710项），基本包含了城市管理的各个方面。

2. 执法成本简化。城市管理综合执法中涉及大量的在一定区域内存在的、情节较轻的、查处难度不大的违法行为，往往会涉及多个专业执法部门。综合

执法采用一般程序与简易程序的方法来处理这些违法行为，简化了执法程序、降低了执法成本。

3. 独立程度明显。城市管理综合执法的主体是以自己的名义行使专属权力，并独自承担相应的法律责任，是独立行使法律赋予职责的执法主体，具有行政执法主体资格。这与以前的联合执法是完全不一样的。

4. 执法效能提升。将原来分散的专业执法有机地组合起来，形成一种全新的综合执法，有效地提高了执法效能，做到迅速、简便、快捷。

5. 注重长期效应。具有较为完整的执法体系，权利清晰、综合执法。它追求的是长效管理而不是短期效应。特别是，近年来网格化管理的盛行，使城管执法部门得以与其他城市管理职能部门在共享信息，联勤联动，有效地巩固了城市管理综合执法的成果，提高了综合执法的长效性。

2006年9月4日，国务院总理温家宝在加强政府自身建设推进政府管理创新的电视电话会议上发表题为《加强政府建设，推进管理创新》的重要讲话中指出："……加快推进相对集中行政处罚权的改革工作，坚决克服多头执法、执法不公，甚至执法违法等现象。"强调要进一步推进加大行政综合执法改革力度，认可了这一新型的城市管理执法模式。

三、城市管理综合执法循法存在的问题

上海城市管理行政执法经过十年从小到大、从探索到发展的实践，然而由于运作时间较短，无参照标准，无既定模式，出现了在一些亟待解决的问题：

（一）主体地位独立性不足

《行政处罚法》只规定了实施相对集中行政处罚权制度的原则，由于没有《组织法》的保障，国务院和市政府没有制定与《行政处罚法》相配套的细化的城管执法相关法规，城管执法体制的法律地位不确定、不稳固，随时可能有被取消、与管理部门重新合并的趋势。由于在法律上没有明确的规定，导致在现实中城管执法部门没有一个行政主体所应有的配置和功能。另外，集中行使行政处罚权的行政机关应作为本级政府直接领导的一个独立的行政执法部门，依法独立履行规定的职权，并承担相应的法律责任。但是，就当前上海实际情况来看，综合行政执法机关并没有应有的独立法律地位。

（二）执法界限不清、依据不一

上海城管执法行政处罚权的转移往往只是地方领导基于工作便利的考虑，相关职能部门也乐得将一些获利不大的行政处罚权当作甩包袱而转移。实行相对集中行政处罚权的领域应该是多头执法、职责交叉、重复处罚、执法扰民等问题比较突出的严重影响执法效率和政府形象的领域。但是，具体应该包括哪些领域的哪些事项没有一个清晰且稳定的界限。

由于城管执法都是依据各相关管理部门专业的法律法规进行的，同一个违法行为依据不同法规可能有产生不同的法律责任，例如对"在河道范围内倾倒垃圾"的违法行为，根据《上海市河道管理条例》可处以三万元以下的罚款。

根据《上海市环境保护条例》轻微危害的，处以一千元以下的罚款；一般危害的，处以一千元以上三万元以下的罚款；严重危害的，处以三万元以上十万元以下的罚款。根据《上海市水域环境卫生管理规定》处五十元到两千元的处罚。由于法规依据不统一，客观上造成实施行政处罚时难以规范把握。

（三）综合执法与专业执法不协调

综合行政执法机关的职权是从原有职能部门中剥离出来，并据此集中形成一个新的行政机关。综合行政执法体制的建立和完善，正是对以往按职能横向划分行政机关的旧有体制的突破。按照行政管理事务的先后顺序划分行政职权，并以此配置行政机关权力的新体制将会与原有的体制产生阶段性的冲突。具体表现就是产生了综合执法与专业执法的冲突，包括综合行政执法机关与原来职权部门的关系、综合行政执法机关的职权与决策机关、许可机关的关系等问题方面。相对集中行政处罚权，要求对有关部门的行政处罚权进行重新配置，涉及现行行政管理体制的改革。但是有的部门原则上赞成相对集中行政处罚权，而当涉及本部门的职权调整时就以种种理由表示反对；有的部门对集中行使行政处罚权的行政机关的执法活动不支持、不配合，甚至设置障碍。

四、城市管理综合执法循法的优化建议

（一）保障主体地位的独立

城管执法机关依据管罚分离原则独立行使职权，不得成为部门的一个内设机构。与其他部门的日常联系沟通应由城管执法局自行负责，涉及重大的、难以单独解决的问题，由上一级地方政府牵头协调。其他部门在向城管执法部门相对集中行政权力时，要将法律解释、执法档案、编制、人员、装备等一同相对集中给城管执法部门。建议可由国务院以制定行政法规的形式来进行全国范围内城管统一的立法，使城管制度走出当前的法律地位及执法依据不明、职责权限不清、执法程序缺失、执法监督缺位的困境。

这样做的好处：(1) 调整效力较高的法律、法规，有利于理顺各级法律、法规的关系，把城管执法体制从较低层面延伸到较高层面；(2) 把城管执法体制的设置由自下而上转变为自上而下，城市政府各自为政转变为中央和地方合力；(3) 采取一次划断的方式，把城市管理领域的全部处罚权划归城管执法，达到了精简机构的目的，又突破了处罚职责限于面上的、简单易行的规定。

（二）完善行政过程的法治

"一切有权力的人都容易滥用权力，这是万古不易的一条经验。有权力的人们使用权力一直遇到有界限的地方才休止。"[①] 城市管理行政主体行使职权的过程依然逃不脱权力可能滥用的桎梏，因此，城市管理执法应该合理地将行政授权与控权相统一，既要改变以往重权力、轻权利的单纯管理论，也要防止走向只强调个人权利自由，抵制政府必要管理的单纯控权论。完善城市管理行政

---

① （法）孟德斯鸠.论法的精神（上册）[M].张雁深译，商务印书馆1961年版，第154页。

执法权行使过程的控制，我们建议从两方面着手：(1) 行政执法中的行为有法律依据，即行为只有符合了法律规定的情形才产生法律效果。例如，2009年5月1日起施行的《上海市人民代表大会常务委员会关于修改〈上海市市容环境卫生管理条例〉的决定》中赋予了城市管理行政执法部门可以暂扣当事人经营兜售的物品和与违法行为有关的工具的权利，事实上暂扣权在实践中常常作为一种工作手段在此前运用，而招来多方质疑，至此之后暂扣权才有了明确的法律依据；(2) 执法行为受程序控制，即法律化程序控制。强势的行政权力需要通过程序的法律化来有效控制，赋予行政相对人更多的程序权利，行政主体承担更多的程序义务，以此来保障执法权力的合理使用。

(三) 保证执法的公平公正

城市管理行政执法中的平等与公平的实现，最主要的是用法律反对特权，并抵制对执法活动的干扰。法律面前人人平等是法治的基本要素，特权就是超越法律之外的"权力"，是只要求享受权力而不承担相应责任的"权力"。实际执法中屈服于身份、财产与地位差别而不同对待，事实上足以说明行政执法中实现公平公正的重要性。

(四) 维护行政的程序正义

城市管理行政执法过程不仅需要效率，同时也需要使一般公民确认在行政活动中行政主体已经合理的考虑了它追求的公共利益和它所干预的私人利益之间的平衡，即程序的正义性。城市管理执法程序作为规范行政权、体现法治形式合理性的行为过程，是实现法治的重要前提，而行政程序发达与否，则是衡量行政法治程度的重要标志。2008年4月19日，《湖南省行政程序规定》率先对外公布，并于2008年10月1日生效。这部被评价为"公民享有更多程序权利，政府承担更多程序义务"的地方性规章已在国内引起很大反响，它为上海地方行政程序立法和城市管理行政程序立法，提供了宝贵的经验，我们建议上海予以借鉴。

第三节 城市管理综合执法监督的法治

一、城市管理综合执法监督的应然标准

监督城市管理行政机关行使职权应以完善的监督法律制度为基础，并将监督的主体和方式多元化，在监督中融入公平正义的理念。因此，城市管理执法监督的应然法治标准，按照实质法治的要求应具备三个条件：(1) 有完善的城市管理执法监督法律制度；(2) 平衡的内部监督和社会监督机制的有效运行，即不但有健全的内、外监督机制，更要求内部监督与外部监督均衡的在城市管理行政执法中发挥作用，而非"强内弱外"或"强外弱内"；(3) 监督救济机制能体现社会公正公平。

二、城市管理综合执法监督的现实状态

为加强城市管理行政执法工作，弥补监督机制的缺位，上海已于2007年

下发了《上海市城市管理行政执法人员行为规范（暂行）》和《上海市城市管理行政执法督察工作办法（暂行）》，成立了督察队伍，正式建立了城管执法督察制度。市城市管理行政执法局是主管本市城市管理行政执法的行政机关，统一领导全市城市管理行政执法督察工作。为确保城管执法各项决策部署的贯彻落实和工作任务的圆满完成，充分发挥督察工作在提高执法效能和队伍管理中的重要作用，根据《上海市城市管理行政执法督察工作办法（暂行）》精神，2009年5月下发了《上海市城管执法局关于进一步加强督察工作的实施意见》。

按照规定，市城管执法局执法监督处是城管执法督察工作的职能部门，负责指导、协调、检查、监督市和区县城管执法部门的督察工作，负责全市城管执法系统督察工作的组织领导，负责督察工作的综合协调和日常事务，研究协商督察工作重大问题。市城管执法总队机动督察支队组织开展本市经常性的督察活动，在全市范围内对城管执法人员街面行为规范、执勤和执法活动进行督察，工作对执法监督处负责。市和区县城管执法部门应设置城管执法督察队。区县城管执法局（大队）应设置督察科，负责组织开展对辖区内城管执法活动的督察工作。分队应设立督察员，接受区县局（大队）督察科业务指导，重点围绕日常执法任务的完成、工作纪律的遵守、行为规范的执行等内容进行督察，以夯实基层执法基础。督察机构受市和区县城管执法机关的委托，承担本辖区城管执法事务的督察工作，对城管执法队伍和人员履行职责，行使职权、遵守法纪的情况依照本办法的规定进行现场督察。市城管执法总队所属的督察大队对本市范围城管执法人员的执勤、执法活动进行督察。

各级督察机构可综合运用实地督察、随行督察、随诉督察、跟踪督察、回访督察等形式，有机结合日常督察与专项督察、全面督察与重点抽查、定期督察与随机抽查，联勤督察与联合督察。督察机构及其督察人员的督察范围包括：对城管执法人员的依法履行职责，行使职权的情况；重大城管执法案件和投诉的处理情况；执行《上海市城市管理行政执法人员行为规范》（暂行）的情况；执行《上海市城管执法人员"八项不准"规定》的情况；行政执法过错责任追究的落实情况；执法车辆、执法装备和执法标识使用的情况；执法工作中其他需要督察的情况等执勤、执法行为。督察人员必须参加市城管执法局统一组织的岗位培训，经考试合格，获得督察证后方可上岗。督察人员必须实行定期轮岗交流制度，岗位任职期间一般不超过三年。

由于该项工作刚刚起步，虽然各区县都设置了督察员，但全市目前仅卢湾、黄浦等一半的区县设置了专门的督察科，且全市督察员很多是兼职的，由执法队伍的大队长、中队长、分队长或勤务科人员兼任。由于发展时间和城市管理现行体制等原因，上海城市管理的督察工作还难以达到公安等部门督察队伍所起到的效果。

三、城市管理综合执法监督存在的问题

城管执法队伍是城市管理的主要执法力量，具有执法内容多、任务重、

权力面宽、利益直接、队伍分散、环境复杂等特点，队伍监督管理任务重、难度大。特别是上海这样一个特大型城市，在城市化进程加快的新形势下，城管执法工作遇到了许多新情况新问题，使城管队伍和执法工作处在各种利益矛盾的焦点上，面临着情与法、权与钱、义与利、腐蚀与反腐蚀的严峻考验。目前的上海城市管理行政执法的监督环节凸显以下问题：

（一）监督体系不全

目前行政监察法、行政处罚法、公务员法、党政领导干部辞职暂行规定等虽说具备了一定的对城市管理行政执法机关行使职权的监督作用，但毕竟不是专门针对监督的法规，只能"参照执行"，在此之下也没有成熟健全的规范性文件，仅有的《上海市城市管理行政执法督察工作办法》不能满足平衡内、外监督的需要，也不能满足公众监督和监督公平公正的需要，督察工作未能实现正规化和制度化。

（二）内部监督虚化

上海城市管理行政执法的内部监督处于起步阶段，现行监督除常规的权力机关、司法机关监督之外，行政监督在内部的主体形式是自我监督，如各大队的内部督察工作负责人是大队长，其身兼两职，既是执法工作的负责人又是监督工作的负责人，内部监督虚化较严重。

（三）外部监督羸弱

外部监督即社会监督，目前上海城市管理行政执法的社会监督中，舆论监督可谓"一枝独秀"，而公民和其他社会组织的监督萎缩严重。自城管这项新事物诞生以来，似乎它在新闻媒体中多数时候扮演的就是"反面角色"，铺天盖地的负面报道使得一时间它被推向了风口浪尖。例如各地的城管打人事件、城管如土匪强盗式执法的报道等。目前，尽管普通公民和行政相对人有权依法对城市管理执法行为进行监督，但实际情况下，普通公民和行政相对人由于缺乏信息来源、制度支持和监督渠道等原因对执法人员的制约作用是相对较弱的。媒体监督毕竟是有限的，羸弱的人民监督导致社会监督内部的失衡，为行政权的变态扩张造就了条件。

四、城市管理综合执法监督的优化建议

行政主体代表国家行使管理职权，而职权的落实是执法人员通过个人的执法行为完成的，执法人员除了"行政人"的身份之外，还有天生"经济人"特性，因此，对他们的行为如果缺乏监督制约机制，公共管理者就有可能蜕化为社会主人。为实现城市管理监督的法治，我们提出以下建议：

（一）公众城市管理法律意识的培育

"中国的法治大厦必须建立在共同的法治信念的基础上，否则它无异于泥沙做成的建筑。"[1] 城市管理法治最主要的特点应该是公民有自觉的城市管理法

---

[1] 应松年. 发挥媒体对民众法治信念的促进作用 [N]. 法制日报，2007年1月6日第4版.

律意识，例如遵守城市管理法律的意识渗透到每个人的头脑中，维护城市管理秩序的行为体现在每个人的日常生活中，没有功利，完全是一种习以为常的生活习惯。在这样的环境下，执法行为有民众的理解和支持，城市管理必能有序实现法治。

（二）公众参与知情权的充分

依据权力制约原则，约束权力的只有权力或权利，公民、法人和其他社会组织参与公共事务的管理正是对政府权力的恶性膨胀进行制约的有效方法。行政主体执法，公民、法人和其他社会组织的监督、参与以及对法律的遵守是走向社会的法治和有序发展的必由之路。

综观我国公民的参与权和知情权，从法律上看，虽然并没有作为一项法定权利加以规定，但是在法律、行政法规和规章中也大量包含参与权与知情权的规定。不可否认的是，参与权和知情权的发展还不尽如人意，参与权和知情权的行使常常流于形式，其作用十分有限。究其原因，主要在于法律法规中对参与权与知情权的相关规定过于零散，对相关职能部门不履行参与权和知情权的协助义务的处罚过于笼统，而城市管理执法涉及的法律法规中直接规定这两项权利的更为鲜见，因此，建议加强上海在城市管理执法领域对公民参与权和知情权的立法，通过法律赋予和扩大这两项权利。

（三）监督机制健全与运行的内外平衡

法定的机关或行政相对人有权对行政主体及其公务人员进行监督，而后者负有接受监督并予以配合的义务。在我国监督体系中，监督机关包括权力机关、上级行政机关或专门行政机关及司法机关等。权力的层级性表明，只有同等级的权力或无隶属关系的权力才能真正互相独立并有效进行监督。

针对目前上海城市管理内部监督存在的症结，建议尽快完成城市管理行政主体内部的监督体制构建，破除本大队督察本大队的旧体制，建立由市局直接领导的独立督察机构，派驻督察员到各区县执法队伍中。

社会监督机制的强弱是一个国家、一个社会法治化程度高低的重要标志。建议城市管理行政执法的社会监督，在法律赋予公民参与权和知情权的基础上，将监督的信息公开，明确监督的渠道，设立专门的民众监督制度。建议可借鉴江苏省常州市钟楼区城市管理行政执法局设置的社会监督员制度，由街道来自各行业的民众组成社会监督员，定时和不定时的对在本街道执法人员的执法行为和执法效果进行监督，并及时反馈信息，为民众监督开辟渠道。[①] 上海可不仅限于借鉴，也可以开辟民众监督渠道，以收集民众监督信息为目标，集思广益创新监督途径。

（四）监督考核评价体系和过错责任追究机制的建立完善

建立完善外部监督测评网络，推进政风监督员、"12319"城建热线、政

---

① 社会监督员不定期地进行替换，且一线执法队员并不知晓谁是社会监督员。社会监督员采集信息后通过填制表格的形式固定信息，并通过电子邮件、邮递或上门等方式，及时将信息直接反馈区局。

风行风评议、社会调查机构测评等共同监督测评；健全完善规范执法行为的制度体系，进一步落实《上海市城管执法人员"八项不准"的规定》、《上海市城管执法人员行为规范》、《上海市城管督察管理办法》等规章制度，进一步树立城管执法队伍良好形象，争取广大人民群众的理解和支持。

（五）监督救济的保障与社会公正的体现

对违法行政行为的监督，我国目前有行政监察、行政复议和行政诉讼等多种监督机制。但可惜的是，监督途径的多样性并不必然导致监督结果的有效性。有权利就有救济。如果行政相对人的权利受到行政主体的非法侵害而又没有获得救济的途径，没有要求独立而公正的司法机关予以裁判的权利，那么"弱小"的公民权利就无法与"强大"的行政权力相匹敌，无法实现"法律面前人人平等"。监督的法治要求在行政相对人遭受行政权力非法侵害时，应当为行政相对人提供平等与公平的行政复议救济和行政诉讼救济，实践中不能以寻求救济的行政相对人人数的多少、影响的大小和行政相对人身份等因素在适用救济的途径和程序上有所不同。

城市管理综合执法概论

第九章　城市管理综合执法
　　　　的问题与破解

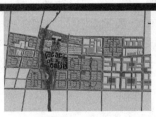

第一节 我国城管综合执法的共性问题

当前,城市管理体制不顺是全国的共性问题。城管执法涉及的职能部门众多,又归属于多位市、区的领导分管。在法规相对滞后的情况下,部门之间、领导之间、上下之间的权责有很多不清晰、不明确的地方。试想,一个城市的城管执法至少有十几项工作,分别涉及十多个主体部门,每一项执法需要配合的部门少则2到3个,多则6到7个。但在实际工作中,各个主管部门都有自己的主业,要拿出力量去配合执法,在认识不到位,法规不明确,上级督办不力的情况下,往往是推一推,动一动,难于形成"齐抓共管"局面。甚至有人认为,"城管工作搞突击可以,长效管理不行"。这实际上是现阶段全国城市管理中的通病。深层次的原因是,习惯用"运动式"的方法搞城市管理,在"创卫"、"创模"的目标下,组织有领导挂帅、相关部门参加的指挥部,在一定时间内集中力量进行突击整治,以解决短期内的"立竿见影"。一旦阶段性任务完成,又是故态复萌,造成管理"滑坡"。

一、管理与执法问题

在管理与执法的关系中,管理是基础,执法是保障。但现实中行政管理部门往往从各自利益出发,颁发大量经营许可证明。而综合执法却要对违反市容市貌方面的法规、规章行为依法进行处罚。如何来统一综合执法和行政管理的价值取向,以切实防止和避免以执法代替管理、以罚代管现象,建立综合执法与行业管理之间科学、有效的沟通运作机制是急需研究的课题。

二、体制与机制问题

很多城市虽然在城市管理领域实施了城管综合执法,但仅市容环卫局的全部、绿化局和市政局的大部分执法职能转移到城管综合执法部门,其他委局仅转移了一部分的执法职能,在具体的执法实践中有时还会出现执法主体、执法依据、执法界限等方面的不协调问题。下级城管大队对驻街道(镇)分队的管理体制的不统一,在执法人员编制满足不了需要的情况下,下级政府部门对城管执法工作的重点和要求的不同,影响执法力量的安排和城管执法工作质量,还需要进一步理顺和完善城市管理综合执法及队伍的管理体制、协调机制。

三、法律与法规问题

全国存在共性的法制问题主要有:

1. 城市管理法制理论(包括城市管理立法理论)研究薄弱,缺乏相应的城市管理法制研究机构和队伍(如上海的经济法治建设队伍和机构有"上海市经济法研究会"、"上海市法学会民法、经济法研究会"等),对于城市管理领域哪些需要依靠法律管理、哪些不宜依靠法律管理的范围界定不清,造成在一些领域法律法规迟迟不能出台。

2. 已出台的城市管理法律、法规中存在着法律之间冲突严重，效力和位阶层次低，内容陈旧，计划色彩浓厚的问题。城管执法依据各相关管理部门专业的法律、法规、规章进行，而不同管理部门各自制定的专业法律规范极易出现交叉领域的冲突，致使同一个违法行为极可能同时违反几个规范性法律文件的规定，对同一个违法行为会出现依据不同法律、法规或者规章可能会产生不同的法律效果，承担不同的法律责任。

3. 立法内容偏重于禁止性管理，对义务和处罚等内容的设定较多，忽视对相关权利的保障。

4. 城市管理立法缺乏预测和群众参与，没有充分对法规所要调整的社会关系和后果进行周密的研究、分析和预测，没有充分听取相关有利害关系的行业代表、人民群众的意见和建议；条款规定得过于原则和笼统，可操作性较差。

5. 城市管理法制机构不健全，部分城市管理执法人员依法行政的观念比较淡薄等。

四、执法的手段问题

城市管理相关委局在实施相对集中行政处罚权的改革工作中，将针对法人单位的行政处罚权保留了下来，把对自然人的行政处罚权相对集中到了城管执法部门。相对集中的行政处罚条款中，规定了行政处罚的罚款额，但对不愿缴纳罚款的自然人，没有相应的手段，造成法制上权威不够，暴力抗法时有出现。

五、治标与治本问题

城管执法工作量大面广、情况十分复杂。如何以正确的思路，找出标本兼治之策十分重要。这方面尤其要研究综合执法与社区管理的关系。街道办事处作为第三层面的基层组织，绝大部分尚未真正从长期形成的经济利益关系网中摆脱出来，为了完成区政府下达的经济、社会等各项硬指标，往往把分队当作别动队使用，治标多，治本少，无法真正站在管理和服务的角度研究现象背后深层次的原因。

六、综合的专业问题

鉴于我国目前的行政体制，以及社会发展深层次上执法专业化的客观要求，限于表面层次的综合执法还无法从根本上达到专业执法的执法效果。而由于缺乏专业的有效指导，综合执法队伍面对部分专业性较强的执法领域，也颇有无从下手之感。两种执法体制如何协调，如何加强专业执法机关对综合执法队伍的业务指导与监督，是当前综合执法中出现的值得关注的问题。

七、经济的保障问题

所谓法制化的经济手段，就是指用法律规范的形式固定化的符合客观经济规律和城市管理发展客观要求的经济手段。运用法律形式将经济手段固定化，有利于以法律的形式来规范经济力量对城市管理活动的支持或制约的范围、限度、方式和程序等，从而建立起一整套调整文化社会关系的规范化、高效便民、权利和义务统一化、效益最佳化的经济手段体系。

目前，全国都已通过采用一定的法制化的经济手段促进了城市管理综合执法工作的开展，然而，各项法制化的经济手段在实践运行中依然暴露出了不少问题，主要体现在以下方面：

（一）执法投资体制方面

投入不足仍为城市管理综合执法发展中的主要矛盾。

一是办案经费不足。根据规范行政执法行为的办案要求，办案人员要调查研究，执法取证，委托证据鉴定，需要制作的执法文书就有二十三种，达数十份。而按政府拨付的办案经费和案件数量比例得出每案办案费用仅为10元左右。由于办案经费的制约，有的区城管大队和分队用少办案件，或少办一般程序的案件来降低办案费的支出。

二是整治经费不足。针对近年来城管执法工作面临的新形势，为了社会的稳定，城管执法部门在对无证设摊的整治执法工作中，采用了疏堵结合的方法，对确无其他生活来源的本地区无证设摊者，城管大队会同街道共同出资与其签订买断摊位的合同。在城管执法工作中城管执法部门还经常会同相关城市管理部门联合进行综合整治或专项整治的执法活动，这些整治执法活动经常需安排在夜间或周末，涉及整治工作的加班费、夜餐费、交通费、施工机械费等。

三是研究经费不足。这导致城管执法部门的计算机信息系统、电子监控系统、执法指挥通信系统、突发事件预警和快速反应系统，以及执法取证和处罚手段现代化等方面步子不快。

（二）执法基础配置方面

一是执法办公设施建设投入偏少，执法用房的投入短缺问题比较突出。很多城市城管执法用房大部分和居民住宅混杂在一起，执法人员对违法人员进行调查审理和处罚时，对居民的正常生活干扰很大。执法车辆和暂扣违法车辆停放在居民区，也影响居民的正常生活，违法人员和居民戳破轮胎，敲碎玻璃，扳断反光镜、偷走电瓶等问题时有发生。执法部门的用房绝大部分面积太小，无法满足执法业务的功能需要，监控指挥、投诉接待、违章处理、案件审理、暂扣物品、车辆停放、教育培训、执法更衣等功能需求难以得到解决，影响执法队伍的规范化建设。

二是装备建设不足。城管大队的装备，不管是数量还是质量都难以适应城管执法工作的需要。城管执法信息和电子技术装备落后，重点地区、重点路段、重要部位的执法取证还缺少先进的电子监控设备，全市城管执法指挥技术系统尚未完全建立，执法指挥的通信、通信系统也比较落后。城管执法领域的执法取证手段和设备也难以适应规范行政执法行为的需要。城管执法队伍还缺少专用执法车辆，原有车辆大部分使用年限较长，技术性能较差。

八、队伍的适应问题

城市管理综合执法队伍的素质如何不断适应城市发展对城市环境建设的需求？随着城市建设和现代化进程的发展，城市管理要求也出现了日益复杂、综合性加大等趋势，与此相对的是综合执法队伍在人员数量、法律素质、装备、技术支撑等方面都存在明显不足，这必将对综合执法的实效产生不利影响。城管执法装备，在数量、功能、性能、质量等方面都难以适应城管执法工作的需要。全国普遍存在执法装备配置不足，执法车辆和取证设备种类多、型号杂，且取证设备功能单一，给执法取证工作带来诸多不便；一些办公电脑技术配置不高，取证设备还存在过时、淘汰品种，质量差，运行费用高，如部分照相机仍使用胶卷式，摄像机、录音机还是模拟制。各地城管执法指挥的技术系统尚未建立，执法指挥的通信系统各区自成体系。重点地区、重要部位的执法管理和执法取证还缺少先进的电子监控设备，取证手段也难以适应规范行政执法行为的需要。

九、信息化建设问题

信息化建设较其他行业滞后。与其他行业相比，城管行业的信息化建设相对比较滞后，资金投入较少，信息化水平相对较低，还较多采用传统的办公和执法手段。同时由于各市各地的城管执法队伍隶属的行政机构不同，对城管队伍信息化建设的重视程度也不相一致，造成各市整体上信息化建设较为滞后的局面。

对信息化建设的研究较少。实行城市管理相对集中行政处罚的时间不长，各地由于机构成立较晚，目前关于城管信息化和执法装备的部门或者初步建成，或者还在筹建中，相关的研究和应用还比较少。

重硬件投入，软件开发投入少。随着城市管理信息化建设和应用的逐步推进，城管队伍重视科技的环境日益形成。但从目前情况来看，还存在重硬件投资而忽视提升综合服务效率的软件开发的情况，缺乏适合于各地城市管理特点的城管执法信息资源系统和应用系统的研究和开发，从整体上还没有改变城管队伍传统的管理和执法模式。尤其是目前"数字化城市管理"模式应用后，有利于形成协调机制和督办机制，但对于提高工作效率、执法取证数字化等各方面都还有待提高。

统一规划少，各地信息化建设水平参差不齐。如上海市目前的"数字城管"至今尚没有详细的发展规划，各区县大都是根据自身情况进行建设，形成一个个的"信息孤岛"。各区县城管队伍的信息标准不统一，也成为制约信息共享的一大障碍，信息应用和共享在各区县甚至大队与分队之间都还没有形成，给城管执法管理的发展带来了一些不利影响。

不同级别层次的城管执法队伍信息化建设水平差别较大。从各地的信息化建设来看，基本上是采用"自上而下"的模式，从机关到执法一线队伍逐级建设。同时由于资金投入较小，大多数城管执法基层的网络建设环境都还没有得到改变，与上级层面的数字信息沟通还存在很大困难。

第二节 上海城管综合执法问题的破解

一、存在的主要问题

应该看到，上海城市管理虽然取得了一定的成绩，但仍然滞后于迅速发展的城市化进程，在执法活动的规范和促进，执法人员、行政相对人的权利救济，暴力抗法的法律定性和制裁、发展城市管理综合执法等一些重要领域仍缺少相应的法律调整。

（一）权力来源难题——授权合法行政的法律依据等级低

这是城市管理综合执法在依法行政中面临的权力来源难题。依法行政中的"法"应主要限定在法律、行政法规、部门规章、地方性法规和政府规章以及民族自治地方的自治条例和单行法规。依据《中华人民共和国行政处罚法》第16条关于相对集中行政处罚权的规定明确了上海市人民政府制定城管相对集中行政处罚权方面的地方规章的权力。该条规定："国务院或者经国务院授权的省、自治区、直辖市人民政府可以决定一个行政机关行使有关行政机关的行政处罚权，但限制人身自由的行政处罚权只能由公安机关行使。"从该条文中，我们不难发现上海市人民政府是有权对城管综合执法事项进行地方性立法的。上海城市管理执法的依据是《上海市人民政府关于本市开展区县城市管理领域相对集中行政处罚权工作的决定》和《上海市人民政府关于本市开展市级层面城市管理领域相对集中行政处罚权工作的决定》。这两个规范性法律文件均为地方政府规章，法律效力等级较低。目前受个别偏激舆论的误导，不少群众认为城市管理执法队伍是一支没有获得法律（狭义法律）授权的违法队伍，因此对正常的城市管理执法行为的抵制情绪和行为相当严重，甚至出现有摊贩拿出某报纸的某报道来公开抵制城管队员的执法行为。

（二）内部体制难题——内部体制不顺，区级利益掣肘合理行政

目前市城管执法局负责查处下列情形的违法行为：(1) 在全市有重大影响的；(2) 涉及市管河道的；(3) 需要集中整治的；(4) 法律、法规、规章规定应当由市级行政机关负责查处的。区县城管执法部门负责查处在本辖区内发生的违法行为。[1] 区县城市管理综合执法机构的设置模式不一致，区县城管大队驻街道分队的管理体制不统一，在执法人员编制满足不了需要的情况下，区主管部门要求首先确保主要道路和重点地区的执法力量，街道则要求首先要确保中小道路和社区的执法力量，分队长只能根据对本人利害关系的大小进行抉择。加之，区县级城市管理执法工作先于市级层面城市管理行政执法工作开展，而上海目前坚持城市管理相对集中行政处罚权重心下移，区、县城管执法机构在区、县主管部门领导下，开展相对集中行政处罚权工作，业务上受市城管执法局的指导和监督，如此一来，一方面容易导致市局对业务指导和监督的权威

---

[1]《上海市人民政府关于本市开展市级层面城市管理领域相对集中行政处罚权工作的决定》，（沪府发[2005]20号）

性受到一定程度的影响；另一方面区县政府利益的差异极易导致城市管理领域同一问题出现不同的处理结果，执法合理性受到一定程度影响，也易使市局业务指导留于纸面。如何处理好市城管执法局与区、县城管执法机构的关系是城市管理综合执法在依法行政中面临的内部体制难题。

（三）权力独立难题——权责统一不足，责任主体独立性不强

城市管理综合执法组织所执行的法律、法规和规章均不是由其本身制定的。这是目前城市管理领域相对集中行政处罚权这一行政执法新体制的重要特点，同时也是城市管理综合执法在依法行政中面临的权力独立难题。城市管理综合执法组织现在执行着过去由10个委局执行的40多个法律、法规和规章。[①] 但是，有些行政机关至今仍行使着已由城市管理综合执法组织执行的法规的解释权，这使得目前的城市管理综合执法陷入了被动执法的境地：城市管理综合执法组织在自己工作范围内执法，遇到某些违法行为时却不能自己独立做出处罚的判断和决定，而其行政处罚的合理性要由其他机关做出解释。相关行政处罚权已划归城市管理综合执法组织行使，但在其行政执法活动中其他行政部门还在起作用，从而造成了部门之间的扯皮和矛盾，依法行政要求的权责统一不能实现。

（四）人力资源难题——执法人员缺编严重、疲于应事

城管执法项目的增多与目前执法力量不足形成鲜明对比。仅计算城市管理综合执法开展较早的14个区（未计南汇、闵行、嘉定、奉贤和崇明）共有城管执法人员4200多名，处于执法工作第一线的156个驻街道（镇）分队和专业分队共有执法队员3800多名。除去法定假日和双休日，每天应有在岗工作的一线执法人员2600名左右。再根据目前上海经济社会活动的特点，城管执法工作时间已从8小时延长到16小时，每个班次仅有城管执法人员1300多名。而14个区的行政区划面积有3093.76平方公里，平均每位执法人员要承担2.33平方公里左右范围的城管执法任务。按执法范围的人口计算，14个区的城管执法人员总数仅占辖区户籍人口和常住流动人口总数的万分之二点七五。而建设部规定的城市市容监察一支专业执法队伍的编制标准就达万分之六。[②] 目前，执法人员的数量不足，而执法内容项目繁多，已经导致现有执法人员超负荷工作，疲于应事，加大了依法行政的难度，这是上海作为特大型城市不可避免地在城市管理综合执法依法行政中面临的人力资源难题。

（五）法律适用难题——法律法规交叉冲突，执法难度加大

城管执法依据各相关管理部门专业的法律、法规、规章进行，而不同管理部门各自制定的专业法律规范极易出现交叉领域的冲突，致使同一个违法行为极可能同时违反几个规范性法律文件的规定，对同一个违法行为会出现依据不同法律、法规或者规章可能会产生不同的法律效果，承担不同的法律责任。

---

① 《市城管政执法局关于下发〈上海市城市管理综合执法宣传提纲〉的通知》，沪城管执办〔2005〕6号

② 数据来源：上海城市管理行政执法局2006年度工作总结。

例如，"夏日，某饭馆在店门外人行道上擅自借行道树搭建简棚，组织他人经营大众早点或烧烤排档，又不注意保洁工作。"这件案件看似简单，但从中我们可以发现很多执法问题：首先从执法内容上看存在同一行为的不同评价问题。即上例中的这个违法行为可以同时被不同执法主体评价为：无证经营、破坏绿化、违法占路、妨碍市容、影响环境卫生、妨碍交通等。其次从处罚结果上看存在着同一违法行为不同评价的不同处罚问题。对上例的违法行为如以无照经营行为，违反《上海市取缔无照经营和非法交易市场暂行规定》第2条第1款规定的，依据本规定第8条规定，单位从事无照经营的，应当责令终止经营活动，没收非法所得，并可处以3万元以下的罚款；个人从事无照经营的，应当责令终止经营活动，没收非法所得，并可处以1000元以下的罚款。如以借树搭棚，妨碍树木生长的行为，违反《上海市绿化条例》第25条第1款规定的，依据该条例第34条第1款第7项规定，责令改正或者限期改正，并可处以50元以上5000元以下罚款。如以擅自占用道路搭建临时性简棚的行为，违反《上海市城市道路桥梁管理条例》第27条第1款第1项规定的，依据该条例第47条第1款第1或第2、第3款规定，责令限期改正，并可按照规定予以处罚。情节轻微的，处以50元以上500元以下的罚款；情节轻一般的，处以500元以上5000元以下的罚款；情节严重的，处以5000元以上20000则以下的罚款。由此可见，对于相对人的同一个违法行为，就可以根据不同的规范做出不同的判断，而且可以对其采取不同的处罚方式。要求城管执法人员在短时间内的执法活动体现各种规范之间的平衡和协调，实在为难。由于执法依据存在冲突，给执法人员在执法过程中准确适用法律增加了难度，有时还容易引发新的执法问题。

（六）模式各异难题——各区发展体制、机制、标准不统一

在城市管理综合执法从第一步到第二步的转型期，上海没有对区级城市管理综合执法管理体制做统一规定，各区根据需要设置城市管理综合执法管理体制呈现三种模式：第一种是将区城管大队直属于区政府领导，如徐汇、卢湾、闸北、普陀等区；第二种是将区城管大队挂靠区行政管理部门，但在人、财、物等方面相对独立，如浦东、长宁、杨浦、静安、虹口等区；第三种是将区城管大队归属区行政管理部门，限制人、财、物等方面的调配权，如黄浦区。管理体制差异造成各区城管大队在综合协调能力方面出现较大差异，导致城市管理综合执法工作在实现从第二步到第三步转型时发展不平衡。

（七）执法成本难题——政府综合投入不足

城管执法部门执法的违法现象大多具有反复性大、违法成本低的特点，有的还涉及稳定问题。对解决这些带有社会问题的违法行为，政府部门缺乏有效监控、制约手段，城管执法部门对违法现象易发地往往只能采取固守、人盯人的手段，投入的人力、精力等成本很高。

同时执法力量配备也是上海需要解决的问题：

一是人员编制数无法满足城管执法工作的需要。各区城管大队的人员编

制数是在组建时按照当时的工作要求来确定的。近年来，随着城管职责范围的不断扩大、城市化地区的不断扩大以及城市管理要求的不断提高，城管执法部门的工作量有了很大的增加，编制数已明显不适应执法工作的实际需要。

二是人员配备明显不足。各区城管大队的实有人数和编制数相比，也都有较大的缺口。从全市角度讲，缺编数达20%。为了完成任务而加班加点、取消休息已成为城管队员的家常便饭，人员不足问题已越来越明显地凸现出来，在一定程度上制约了队伍功能的充分发挥。

二、问题的破解方法

为了适应新形势对城管执法工作的严峻挑战，城管执法队伍建设必须有新举措。城管执法队伍需要较好的政治业务素质和心理素质。对此，可从以下几个方面着手：

（一）立法方面优化——出新法、修旧规

客观而言，上海在调整城市管理综合执法涉及的一些重要领域，的确可以说只是初步做到了"有法可依"、"有章可循"。然而，应当看到，上海的城市管理法律规范，特别是真正科学健全有效的城市管理法律规范体系还是不完备的。加快城市管理立法进程，逐步形成较为完备的城市管理法规体系，为依法管理提供法律依据，对于加强城市管理、促进上海城市管理发展来说是十分必要的。目前，上海在城市管理立法方面应重点做好以下工作：

1. 出台上海城市管理发展基本法

根据法的位阶原理，上海市在立法工作中所能做的是立足本地区城市管理法制实践，在国家基本法律的框架内最大程度地完善本地区城市管理立法工作。全国目前城市管理执法工作开展的时间不长，各地均还处于摸索阶段，出台全国层面的城市管理基本法时机还不成熟。在此背景之下，针对上海目前城市管理在社会和市民意识中的地位不明确，对城市管理发展缺乏稳定的、有效的规范机制和保障机制，不能满足城市持续发展的现状，在目前国家级城市管理基本法暂无条件出台的情况下，上海可以根据地方发展城市管理的实际需要，率先制定、出台调整上海城市管理和城市管理法律关系的基本性地方法律规范，即上海城市管理基本法。上海城市管理基本法的具体名称，笔者建议采用《上海城市管理促进条例》，以实现上海城市管理领域综合执法的健康、持续发展。

上海城市管理发展基本法的主要内容应当包括：城市管理在社会和国民经济中的基本地位；发展城市管理的基本策略；城市管理综合执法的基本定位与范围；保障和发展城市管理的基本措施、发展城市管理综合执法的基本措施；两级政府在发展城市管理方面的职责；各政府职能部门实施城市管理活动的基本原则；促进上海城市管理发展的社会责任；城市管理综合执法部门的法律地位、对社会的基本权利和义务；支持城市管理发展的经济手段、组织手段、技术手段，对发展上海城市管理发展做出成绩的单位和个人的奖励制度；有关违反城市管理活动社会秩序，违反城市管理相关法律、暴力阻碍执法行为构成犯罪等行为的法律责任等等。

鉴于该规范所规定的内容带有综合性，所规定的支持手段也超出了行政职能范围，所以，这一项目的立法应制定地方性法规才能保证其应有的效力。

2. 新立、修订其他部分上海城市管理领域法律、规章

上海要构建较为完备的城市管理法律规范体系，除了要尽快出台上海城市管理基本法外，还需要新立和修订其他部分城市管理法规、规章。就目前而言，应重点关注以下法律规范的新立和修订：

(1) 修订《上海市城市管理相对集中行政处罚权暂行办法》(2005年市政府41号令)

《上海市人民政府关于修改〈上海市城市管理相对集中行政处罚权暂行办法〉的决定》已经2004年11月22日市政府第57次常务会议通过，自2005年8月1日起施行。《上海市城市管理相对集中行政处罚权暂行办法》的修订，主要解决的是本市城市管理领域综合执法的授权问题。在修订中应充分肯定这一执法模式的正面效应和积极意义，必须认真厘定必要的城市管理行政专业管理权与非专业执法管理权的关系；确定按照权限范围应当由城管执法机关给予行政处罚的，由违法行为发生地的城管执法机关管辖；城管执法人员依法执行公务，受法律保护；健全城市管理综合执法工作联席会议制度；按照《中华人民共和国公务员法》的规定，建立完善录用、考核、培训等用人制度；建立健全层级督察制度。通过修改，将该《暂行办法》升格为《规定》。

(2) 与时俱进，清理地方法律法规

部分专业方面的陈旧法律法规已不能适应社会经济发展形势和当前城市管理的实际需要，如按现有法律法规规定，对参与乱涂写、乱招贴，制造城市"牛皮癣"的中间环节的违法者只能处以罚款等行政处罚，然而违法人员中相当部分都是外来流动人员，难于实施罚款，多数只能在批评教育后予以释放，"牛皮癣"就这样不断复发无法根治。对于这些已无法适应现实需要，严重缺乏实效的法规内容应依照"谁制定，谁清理"的原则，推进法规清理。清理后完善城市管理相关法律法规。在实务操作中发现部分法律法规对城市管理中违法行为的处罚只有原则性的条款，没有详细规定，执法工作无法落实。开展相对集中行政处罚权在一定程度上弥补了法律法规不健全的缺陷，但毕竟仅是对现有法律法规中已有的行政处罚权的调整，不能从根本上解决法律法规不健全的问题。应该在法规梳理和清理"破"的同时，做好"破"后的"立"工作，应以有利于城市管理发展为目标，以可操作的实效为指导来完善相关的法律法规。

(3) 完善实施城市管理行政处罚程序方面的法律规范

2005年上海市城市管理行政执法局制定了《上海市城市管理相对集中行政处罚权执法程序暂行规定》，该规定于2005年8月1日实施，共有6章内容：第一章总则，第二章简易程序，第三章一般程序，第四章听证程序，第五章强制执行程序，第六章附则。《上海市城市管理相对集中行政处罚权执法程序暂行规定》在城市管理综合执法工作开展过程中，对规范执法程序做出了积极的

贡献，但随着上海城市管理工作内容的调整和深化，拆除违章建筑等领域的特别程序成为城市管理综合执法工作新的关注点，顺应实际工作内容的发展变化，建议跟进设立特别程序，完善《上海市城市管理相对集中行政处罚权执法程序暂行规定》。

（二）解决内部体制难题——双重管理体制下的垂直管理

各区县城市管理综合执法机构的设置模式有四种：浦东、卢湾、杨浦、松江建立区城管执法局与市容环卫部门合署直属区政府领导；虹口、黄浦、闸北建立区城管监察大队与市容环卫部门合署，直属区政府领导；普陀、长宁、徐汇、闵行、金山、宝山、南汇、嘉定、奉贤等九个区与崇明县建立区县城管监察大队，直属区县政府领导；静安、青浦建立的区城管监察大队，委托区市容环卫管理部门（或市政管理委员会）领导。市城管执法局对区县城管执法部门进行业务指导，而对区县城管执法部门的人员配备、工资福利、干部任命、工作考核等均由区县相关部门决定；各区县城管监察部门下属的街道（镇）监察分队是以区县城管监察大队的名义行使处罚权，而对监察分队的人员调配、工资福利、干部任命、工作考核、装备配备、执法任务执行等均由区县街道（镇）决定，造成全市对街道（镇）监察分队执法管理难以统一。

上海作为一个特大型城市，要想短期内实现市城管监察部门对各区县城管监察部门的人事、工资和考核的完全垂直管理目前还缺乏基础，但是垂直管理应该是城市管理发展的最终方向。落实到目前实际情况，在完全垂直管理还是缺乏可操作性的一种理想的背景之下，应该坚持市局与区县政府双重管理体制，但应由现在的以区县、街道的块为主转变为以城市管理工作的条为主。建议将区县城管监察部门统一设置为区县城市管理行政执法分局，市局主管区县分局的人员调配、工资福利、干部任命，区县政府实施协助管理，进行工作考核和工作建议，并由市局根据考核结果做出人员调配、工资福利、干部任命的决定；区县城管行政执法分局作为街道分队的主管者，街道办事处、镇人民政府配合实施协助管理；区县政府作为城管监察联席会议的成员。

（三）解决权力独立难题——单列城管执法局

《上海市人民政府关于本市开展市级层面城市管理领域相对集中行政处罚权工作的决定》对城市管理综合执法机构设置是采用在上海市市容环境卫生管理局增挂上海市城市管理行政执法局牌子，实行"两块牌子，一套班子"。这种合署办公的模式在市级层面城市管理工作初建而又缺乏经验的初期，是符合上海市城市管理以维护市容环境和秩序为主的总体要求的，对有碍市容市貌的违法行为可以加强执法。初期的合署办公，有利于管理与执法之间相关的信息迅速对称，管理目标与执法目的一致，城市的市容环境质量也可以得到进一步改善。然而，随着城市管理的全面深入推进，管理范围的不断扩大，仅仅依靠现行合署中的综合执法处来解决全市19个区县城管执法部门的业务监督指导、政策研究和重大执法活动的协调等工作，显然只能是"突击队"式的治标不治本，这种合署已经越来越难于解决激增的管理压力。

要解决权力独立的难题,加大城市管理综合执法工作的力度,独立设置市城管执法局势在必行,同时也是符合《国务院关于进一步推进相对集中行政处罚权工作的决定》(国发[2002]17号)初衷的。《国务院关于进一步推进相对集中行政处罚权工作的决定》中明确规定"各省、自治区、直辖市人民政府要按照《国务院办公厅关于继续做好相对集中行政处罚权试点工作的通知》(国办发[2000]63号)的规定,规范集中行使行政处罚权的行政机关的设置,不得将集中行使行政处罚权的行政机关作为政府一个部门的内设机构或者下设机构,也不得将某个部门的上级业务主管部门确定为集中行使行政处罚权的行政机关的上级主管部门。集中行使行政处罚权的行政机关应作为本级政府直接领导的一个独立的行政执法部门,依法独立履行规定的职权,并承担相应的法律责任。"建议取消目前市城市管理行政执法局与市容环境卫生管理局合署的模式,建立独立的、由市政府直接领导的城市管理行政执法局。

(四)解决人力资源难题——保证基本执法力量基础上的编制多样

目前本市执法队伍人员组成较复杂,有公务员、事业单位人员和编外的协管员等,按照《国务院办公厅关于继续做好相对集中行政处罚权试点工作的通知》精神:"集中行使行政处罚权的行政机关的执法人员必须是公务员",而《上海市人民政府关于本市开展区县城市管理领域相对集中行政处罚权工作的决定》中将区县城市管理综合执法队伍认定为:"该机构名称为区县城市管理监察大队,机构性质为行政事务执行机构",如此设置是有其背景原因的,城市管理领域实际所需执法人员的数量大大超过了政府的预计,而如此大量的定位执法人员为公务员必将使公务员编制数量迅速增加,这违背了精简机构的行政体制改革原则。

随着上海城市管理工作的深入发展,笔者认为,要进一步稳定执法工作的已有成效,契合中央施行城市管理领域相对集中行政处罚推动行政体制改革的初衷,应该给区县城市管理执法部门配备保障基本执法有效完成执法任务的执法队伍,长期的人员性质含糊不明状态不利于执法人员工作积极性的调动和素质的提高,并直接影响到管理工作发展。解决的出路可考虑在保证基本执法力量的基础上的多种模式并行,一方面按照国务院文件要求,合理配备能满足业务需求数量的公务员身份的执法人员,另一方面建立灵活性较强的,满足网格化管理下,非执法性事务、违法信息收集等事务执行的派遣制用工制度。

(五)解决法律适用难题——梳理、清理和完善相关法律法规

实施相对集中行政处罚权后,原有的法律法规之间适用上存在矛盾,解决这些矛盾,根除多头执法的处罚不一,也是城市管理领域相对集中行政处罚权的目的。要解决法律适用的难题,首先,要梳理相关法律法规,解决日常工作的可操作性问题;其次,要在梳理的基础上,结合社会经济发展进行法规清理;最后,清理后完善城市管理法律法规体系。

梳理相关法律法规,解决法律冲突。实施相对集中行政处罚权后,原有的法律法规之间适用上存在矛盾,尤其是对同一违法行为,罚款数额的自由裁

量幅度存在较大差异，势必造成同一违法行为不同罚，违背了合理行政原则。建议将目前上海市城市管理领域涉及的地方性法规 14 部、地方政府规章 32 部、国家专业法律 11 部、行政法规 9 部、部门规章制度 13 部中相冲突的内容，结合实务工作需要进行梳理。将同一类违法行为的相关自由裁量权限按照法律效力层级结合依法行政的合法、合理原则，明确裁量幅度，解决可操作性的急需。

梳理基础上推进法规清理。部分专业方面的陈旧法律法规已不能适应社会经济发展形势和当前城市管理的实际需要，如按现有法律法规规定，对参与乱涂写、乱招贴，制造城市"牛皮癣"的中间环节的违法者只能处以罚款等行政处罚，然而违法人员中相当部分都是外来流动人员，难于实施罚款，多数只能在批评教育后予以释放，"牛皮癣"就这样不断复发无法根治。对于这些已无法适应现实需要，严重缺乏实效的法规内容应依照"谁制定，谁清理"的原则，推进法规清理。

清理后完善城市管理相关法律法规。在实务操作中发现部分法律法规对城市管理中违法行为的处罚只有原则性的条款，没有详细规定，执法工作无法落实。开展相对集中行政处罚权在一定程度上弥补了法律法规不健全的缺陷，但毕竟仅是对现有法律法规中已有的行政处罚权的调整，不是立法工作，不能从根本上解决法律法规不健全的问题。应该在法规梳理和清理"破"的同时，做好"破"后的"立"工作，应以有利于城市管理发展为目标，以可操作的实效为指导来完善相关的法律法规。

城市管理综合执法是行政管理体制的产物，其产生、发展和运行的实践，必然会对我国行政管理体制的进一步完善提供一个重要的范本，同时也必将进一步推进我国的行政管理体制的整体改革。由于城市管理综合执法制度的探索和实践还在不断地进行之中，其中的相关法律问题乃至于体制建设问题还有待于我们进一步探究。上海作为一个特大型的国际大都市，其在城市管理方面，尤其是城市管理综合执法的法制建设和法治实践方面，理应成为全国的表率，为全国城市管理综合执法制度的科学和完善提供经验和范本，同时为在城市管理领域进一步推进依法行政、加快法治政府建设做出必要的努力。

（六）具体实施需处理的法律细节方面

1. 把握舆论导、依法执法的关系

由于我国长期"重建设，轻管理"的影响，城市管理面临的民众思想意识"不能理解"问题比较突出，在城市管理的不少领域其违法者是无固定居所，无固定收入来源的人，这更使得工作难度加大。城市管理综合执法是我国行政体制改革的新举措，社会的各方面力量都在关注这一新举，因此需要加以注意的是，执法活动必须严格按照法律的规定和程序进行。城市管理法律、法规是城市管理的基础和依据。在依法管理的范畴里，要坚持以下几个原则：

（1）依法行政的"法"应按照《立法法》的规定，界定在法律、行政法规、地方性法规、行政规章范围内。

（2）在以上"法"的范围内，把握法的位阶原则，行政规章的效力低于行政法规，行政法规的效力低于法律。

（3）以"通知"、"文件"等形式出现的行政管理规范和措施，不得违反法律、行政法规、行政规章，与它们相抵触，否则，就是违法的行政管理规范和措施。

只有这样，才能保证城市管理综合执法发展的稳定性和管理的公平性、科学性、有效性。

2. 加强执法立法、执法实施的联动

通过立法只能制定或修改法律和法规，再好、再高明的法律、法规如果得不到良好的实施和施行，也只能是停留在纸面上的文字，立法的良好初衷与内在功能也无法得以实现。为此，我们除了要加强文化立法外，还必须为上海营造一个良好的城市管理综合执法法律、法规的实施环境。其基本内涵是：

（1）要提高城市管理立法和法律、法规的宣传力度，全方位、多层次、多渠道地开展城市管理法律、法规教育和培训力度，提高全社会知法、守法、执法、用法的城市管理法律意识。

（2）加强城市管理立法和法律理论的研究，建立上海城市管理法律研究基地，培育一批掌握较高城市管理法律科学理论的人才。

（3）除了现有城市管理行政执法统一机构外，还要建立政府各职能部门之间实施城市管理法律、法规的协调机制，营造对各种城市管理领域活动的依法管理的环境。

（4）在深化对上海城市管理领域的相对集中行政处罚权行使过程中，应着重注意把握以下重点问题：第一，可以在对城市管理领域的相对集中行政处罚权行使的基础上，进行对审批权、许可权以及其他权力的综合。第二，在对城市管理领域的相对集中行政处罚权行使机制内部，科学地理顺和明确市和区、县两级执法主体的职权关系；在外部，要科学理顺和明确集中行使城市管理执法权的主体与其他系统行政执法主体，如工商行政管理、规划、市容、公安等部门，对城市管理领域行政执法职权关系。要做到分工明确，无法推诿，无法越权，执法有力，执法及时。第三，在集中行使城市管理行政执法权的过程中，要适时更新执法手段和思想，注重对城市管理行政执法的综合治理、集中治理、长效治理、文明治理。

3. 强化依法行政、执法为民的意识

在工作中，要求执法人员要从维护人民群众根本利益出发，广泛听取广大市民群众的呼声和要求，对群众反映强烈、影响面大的问题，勇于管理、勇于执法。

这方面，我们可以通过基层执法建设纲要，通过"建制齐全、政治过硬、业务精通、文书规范、绩效出色、政风进步、风纪严整、内务良好、保障有力、文化丰富"等十个方面的要求，全面推进基层、基础和基本功建设，要求各基层执法队员定期进行政治理论、业务知识和执法技能的培训学习，使队员熟悉办案程序，熟练掌握文书制作，提高办案质量，增强队员的责任心；严格依照规范完善内部考核、监督机制，加大以城管队员违纪违法行为的处理力度。通过严格的执法程序、文明的执法手段来树立良好形象。

4. 强化文明执法、认真履职的意识

要认真研究具有人性化和人情味的工作方法，更好地为群众服务，多渠道为群众排忧解难，树立城管文明执法的新形象，坚决反对和制止任何野蛮执法、粗暴执法和简单执法的行为。

5. 强化综合协调、互相补位的意识

城管综合执法经常是跨部门、跨行业、跨区县推进的，而只有加强综合协调，增强合力，才能发挥综合执法的综合优势和综合效能。一方面，要强化业务培训。培训与城管执法相关的法律专业或管理专业，以逐步提高城管执法队伍的法律素养。另一方面，为应对复杂多变的城市管理环境，对执法人员的综合素质作一些强化培训，使一些纠纷能够通过谈判说理的方式得以解决，而不是必须运用处罚手段。培养出知识广，即每一位执法队员全面深入学习相关法律法规，并能正确熟练运用；方法新，即努力培养科学的思维和工作方式，提高自身的语言表达能力、应变能力、交际能力；作风硬，即在执法工作中，要求每一名执法队员不徇私情、秉公执法；效率高，在执法力量缺口的情况下，学会建立高效勤务运作机制；体能优，即能适应繁杂工作需要的合格执法人员。

6. 强化廉洁自律、反腐防变的意识

城管综合执法掌握着一定的管理职能和处罚权力，要努力从制度上、源头上，健全强化监督，堵塞漏洞，在广大群众的心目中为党和政府树立起城管综合执法队伍的良好形象。要强化城管执法监督，积极实行政务公开，主动创造条件接受群众的监督。

一是强化制度建设。要制定一系列的规章制度，通过严格的规范和纪律约束，目的在于强化全体执法人员依法行政和严格执法的管理意识，同时实现用制度管人管事。

二是完善监督体系。通过人大代表和政协委员、行风与作风监督员、新闻媒体和群众投诉热线、内部专业督察大队这四支监督队伍，严格督察，加大明察暗访力度，以解决城管执法队伍建设中的薄弱环节，努力打造城管执法队伍的良好形象。

三是建立科学的考评机制和合理的激励与惩罚机制。将执法管理质量、公众满意程度的高低作为主要衡量指标。在科学考评基础上，积极建立合理的工作考评机制和激励与惩罚机制。对优秀文明的执法人员给予精神和物质奖励，给予优、评先等适当荣誉；同时，对违法执法和不文明执法人员以通报批评、降职、降级、减扣奖金和福利待遇等合法、合理处罚，切实提高执法人员依法执法和文明执法的积极性。

四是实行轮岗制度。实行轮岗制度，解决部分执法人员不想管、不善管、不敢管的问题，可考虑每年轮换、交流1/3人员。机关和基层人员也要实行交流，培养和增强所有人员的大局观念和全局意识。

五是开展城管执法宣传。城管宣传是城市管理和行政执法工作的重要组成部分之一，是进行管理执法的有效手段。目前，管理硬件上的差距不难提高，但意识上的落后需要我们通过长期不懈的努力来逐步改善。因此今后的宣传重点要放在提高全民的城管意识上。一方面通过宣传，能够增强城管执法工作的效能，更好地让管理相对人理解和支持城管工作；一方面，可以通过宣传，让社会和市民更多地来监督城市管理综合执法的工作。

（七）完善区别对待、疏堵结合的方式

在城管执法中，执法机关依法对各种违法行为进行不同形式处罚，无疑是维护城市市容秩序的重要手段，这是一种"堵"的办法。在"堵"的问题上，一方面，仅是单纯的"堵"也难以真正堵住。在市场经济条件下，有需求必然有供给，像修鞋、修自行车、缝补衣服、卖早点等就很难根本杜绝，从事此类经营活动的人员和接受这类服务的对象多数是弱势群体，他们和城管执法的矛盾较为突出。据分析，近年来在各地暴力抗法事件中，60%是源于小店铺的出摊占道，40%源于游动商贩。这就要求管理者从现阶段城市发展水平及人们的经济状况出发，研究疏堵结合的长效管理办法。根据一些城市的经验和做法，可按照"三不"和"三分"的原则，实行差别化、精细化管理。

1. 区分行业：如修鞋、擦鞋、修自行车、缝补衣服等群众生活需要的服务项目，可按照"便民消费进社区，便民服务进家庭"的精神，像成都市那样纳入社区服务的范畴，由社区进行管理。对非法食品加工设摊，占道卖盒饭等则坚决取缔。

2. 区分区域和地点：可学习上海的做法，划分严禁、严控、控制三种区域，实行差别化管理。在严禁区域禁止任何形式乱摆摊点和占道经营。在严控区域可酌情设置小型修理服务摊点。对控制区域，在公建配套设施不完善的情况下，可设置临时性的集中疏导点，如在人口众多，农贸市场不能满足居民生活需要的地方，由街道利用空置土地设置临时性的农贸市场，引导游动摊贩进场经营。在小区里适当设置一些小型公共广告栏，疏导小广告，减少管理工作量。

3. 区分时间：可以仿效杭州市的做法，有的区采取管严白天，疏导早晚；管严大街，疏导小区的办法，对早餐经营者，规定必须使用统一餐车，在早上5：30～8：30这个时间段内，允许在指定的地点经营，同时加强卫生监督，既方便了市民生活，又缓解了执法人员与个体经营者的矛盾。也可以像乌鲁木齐市，将诸如烤羊肉串等各种民间风味小吃引导到五一路，形成"星光夜市"，经营者在规定时间入场，着同一的白色工作服，使用统一的不锈钢餐车，所占道路铺上地板革以防地面污染。类似这样的做法，既成为消夏和游客的必游一景，又解决了几百人的就业。只要发挥基层的积极性和创造性，完全可以找到既有利于城市管理，又有利于方便市民的双赢方式。

新加坡之所以能成为国际公认、名副其实的花园城市，除了严罚重管、背后有一系列配套政策和措施作保障，还经历了二、三十年的治理过程。新加坡也不是天生就是花园城市。20世纪60、70年代，新加坡在东南亚一带也属于脏乱差的城市。新加坡城市管理决策者为改变面貌，一是确立严罚重

管理念，制订了一套切合管理实际的法律体系；二是执行堵疏结合政策，给小摊小贩提供工作机会和优惠措施，规范大排档等行为；三是开展了反垃圾、反吐痰运动等活动，大力改造基础设施，增加绿化面积。经过 20 多年的努力，终于实现了"城在花园中"的目标。没有社会经济的快速发展，新加坡的城市管理不可能达到今天的程度；反之，良好的城市管理环境和秩序又对社会经济起到了推动作用。

第三节　北京城管综合执法问题的破解

一、存在的诸多问题

（一）执法依据不足

1. 执法范围

虽然城管执法有《行政处罚法》以及其他法律法规的授权（如 2006 年实施的《北京市市容环境卫生条例》也明确了城管维护市容环境的执法权），但目前并没有一部法律法规专门对城管的执法范围予以明确规定，基本上都是"借法执法"。例如城管部门有权对"供水设施发生故障、影响正常供水不及时抢修的"施以处罚，但其依据只是政府规章《北京市城市公共供水管理办法》的有关条款，该《办法》第三条明确规定："市公用局是本市城市公共供水和供水设施的主管机关，负责监督本办法的实施。市城市供水管理办公室负责日常管理工作。区、县人民政府指定的区、县城市公共供水主管机关，负责本区、县城市公共供水和供水设施的管理，业务上受市公安局领导。"并没有赋予城管部门执法权。正因如此，也导致了执法范围缺乏稳定性。此时城管不能管理的领域，彼时可能下发一个红头文件就允许管了。例如在 2002 年北京市人民政府法制办公室的《关于印发〈划归城管监察队伍查处的违法行为和有关法律依据目录〉的通知》，就将八个方面的 105 项处罚权划归给城管部门。

2. 行政职权

除了行使《行政处罚法》授予的处罚权外，城管部门在实践中亦行使行政检查权、强制权等等。的确，要实现行政处罚权，不可能不进行事先检查，否则不能发现违法证据；而且，由于处罚对象大多是流动的商贩，如果处罚决定不马上执行，事后将无法执行或者执行成本过大，因此赋予城管部门的强制执行权似乎理所当然。但是，根据行政法治原则，任何行政权力的行使必须有法律作为依据，否则"越权无效"。当然，从法律解释的角度来说，行政检查是行政处罚的必要前提，是行政处罚实施者必须拥有的权限。但是，行政检查毕竟具有独立性，会对行政相对人权益产生影响。因此有必要由法律法规对行政检查的行使予以规范，包括检查时间、检查地点、检查频率等。

目前争议最大的是强制权。根据《行政处罚法》和《行政诉讼法》，除非有法律授权，处罚机关不享有行政强制权，义务主体超过法定期限不履行处罚的，只能向人民法院申请强制执行。所以，强制执行权的行使，既可能导致极大的社会争议，也可能导致社会悲剧的发生。前者如北京城管强拆上帝建材城，而建材城以其无强制权、程序不当为由将城管告上法庭并索赔6亿；后者如"李志强事件"。

（二）职能范围不清

1. 城管职能交叉

虽然城管综合执法范围的界定也较为清楚，但是在许多领域，仍与其他行政机关存在职能交叉、范围不清的现象，要么重复执法、多头执法，要么执法空白。这主要表现为：

其一，职能划转不完整。如对影响城市环境污染的综合执法，虽然在《关于明确市、区县城管监察组织具体行政执法权划分的通知（京政管字[2003]342号）》中具体规定了七项有关的职权，但这仅是根据《大气污染防治法》第四十一条第一、二款、第三十一条、第四十三条第二款的规定予以分割，没有把全部职能划转到城管部门，属于职能的部分分割。虽然这种划分具有针对性，但是也容易造成职权过于分散，不利于全面执行。而且，部分划转后，导致相应的职能履行往往是需要两个机构互相配合。

其二，职能划转出现空白。例如停车管理的综合执法。由于警力不足以及加强对"黑车"的打击，将原来属于交通管理部门的行政执法权——"贴单权"以"职责划转"的形式转移给城管部门。但是，这次转移并没有清晰划定范围，例如没有对"司机不在场"和"司机在场但不听劝阻"予以区分，导致管理出现空白，而且也导致人们出现对多头管理、职责不清的担忧。

其三，职能界定模糊。这主要是指法律规定笼统、模糊。例如，《北京市人民政府关于进一步推进城市管理领域相对集中行政处罚权工作的决定（京政发[2002]24号）》规定："（二）市和区、县建委在施工现场管理方面与治理城市市容环境密切相关的部分行政处罚权。"所谓"与治理城市市容环境密切相关的部分行政处罚权"的用语就是不明确的。与什么密切相关是一个概指，它所表达的范围过于宽泛，在划分的过程中极易产生纠纷。对于什么是市容环境也会有很多的争论，难以统一。作为职权转移的主要文件，这样笼统规定是不适当的。

2. 城管职能过多

现在城管有300项左右的职权，而且随着时间的推移，城管的职能不断增加。这些职能的增加足以造成城管队伍的膨胀。机构之间的规模、性质与职权和执法手段和机构地位之间有密切的联系，他们之间具有十分严密的比例关系，破坏这个关系就会产生问题。目前，城管机构规模虽然不小，但是机构的职权过多，而且多是些难度系数比较大的职权，这往往会引起社会激烈的反应，一个机构的职权的类型中必须具有一些能够引起社会称赞的类型，这样可以改变机构的形象，对于以后执行其他职权会起到辅助作用。如果一个机构的所有职权都是难以执行的类型，就会严重损害机构的形象，造成以后执行类似职权的困难。加之现在机构的执法手段处于探索之中，没有合适的形式，在执行过程中，会造成执法的无力。

（三）执法机构的缺陷

作为具有行政主体资格的综合执法机构，应是政府的职能部门之一，与其他行政部门并列，不隶属于任何其他职能部门，具有独立性。对此，国务院有明确规定。国务院办公厅《关于继续做好相对集中行政处罚权试点工作的通知》（国办发[2000]63号）规定："试点城市集中行使行政处罚权的行政机关应当作为本级政府的一个行政机关，不得作为政府一个部门内设机构或者下设机构。"国务院《关于进一步推进相对集中行政处罚权工作的决定》（国发[2002]17号）规定："不得将集中行使行政处罚权的行政机关作为政府一个部门的内设机构或者下设机构，也不得将某个部门的下级业务主管部门确定为集中行使行政处罚权的行政机关的上级主管部门。集中行使行政处罚权的行政机关应作为本级政府直接领导的一个独立的行政执法部门，依法独立履行规定的职权，并承担相应的法律责任。"但在实践中，执法机构的归属却导致人们对这种独立性产生怀疑。北京市城市管理综合行政执法局实际上是挂靠在市政管理委员会下的一个下属单位，从而"降低了执法机关的行政层级，就会不利于行政权的行使和行政权权威的体现"。此外，由于城管职能不断扩大，已超越原有部门界限，市政管委对各个部门的协调力度难以显现，在某种情况下还会相应地受到制约，难以做到公正执法和有效执法。

之所以出现这种违反国务院文件的情况，原因之一依然是编制障碍，没有相应的编制，无法组建起一个独立的政府工作部门；原因之二是缺乏相对应的省部级综合执法机关。中国行政机构设置存在着上行下效的惯性思维，"区县等省市，省市看中央"。只有国务院设置了一个新的部门，地方各级政府才能对应设置独立的工作部门。根据国务院《关于进一步推进相对集中行政处罚权工作的决定》（国发[2002]17号）"具体的执法活动主要由基层执法队伍承担"，可以推断，在相当长时间内国务院不会设置行政执法部（局），而各地方政府组建独立综合执法部门却势在必行。中国三十多年改革的经验告诉我们，行政机构设置并不一定要求上下对应，等中央看上级不是改革应有的态度和思路。

（四）队伍编制混乱，人员素质不高

从理论上讲城管执法人员应该是公务员，但是由于受行政编制的限制，目前从全国范围内来看，城管综合执法人员的身份定位不一，综合执法队伍中各种身份的执法人员都有，有公务员、事业编制人员，还有一些协管员等等。有的地方还专门拿出一些执法编制、专项编制解决行政编制不足的问题。

（五）部门间缺乏有效的协调机制

城管执法，实际上执行的是其他行政机关的职责。虽然城管与其他机构之间的职能基本分割得较为清楚、明确，但是城管执法的有效性依然必须依赖于相关职能部门的配合。例如，城管在执法时遇到暴力抗法，则需要公安机关的配合和支援。目前根据我们的调查，协调机制不畅，影响了城管职能的有效发挥，尤其在范围规定不明、职能分割不清时尤为如此。例如，城管对严重影响城市规划的违法建设拥有行政处罚权，但是，什么是"严重影响城市规划"，因其专业性、技术性较强，存在界定难的问题，需要聘请规划行政主管部门来进行认定，但在实践中，城管部门往往自己自由裁量。之所以出现这种情况，一方面是由于部门利益的驱动，各部门对自己有利的事情尽量使用，对自己不利的事情，则尽量规避。另一方面是由于各个执法机关之间信息互相隔离。

（六）财政经费投入严重不足

目前，政府对城管执法部门财政经费的投入远不能满足综合执法机关工作的需要，表现在以下几个方面：

第一，对技术、装备方面的投入不足。目前北京市城市管理综合执法机关承担的各项职能中，有些是专业性、技术性特别强的，但是目前城管执法机关根本不具备这样的专业检测设备和技术力量，无法完成法律赋予的行政执法任务。

第二，对信息建设投入不足。目前，拥有信息管理系统的城管分队的比例过小，其中拥有比例最多的网络信息平台，也仅占分队总数的14.5%，与67.7%的要求差距较大。

第三，对执法人员培训的投入不足。任何法律都需要人去实施，法律制定得再完善，如果执法人员的素质得不到提高的话，执法效果都会事倍功半，甚至产生相反的效果。由于特定的历史原因和社会原因，我国执法人员，特别是基层执法人员素质不高，服务意识淡薄，"官本位"意识根深蒂固。因此提高执法人员的素质，加强对执法人员的培训是当务之急。

第四，对综合执法工作的宣传力度不够。就目前城管的综合执法实践来看，由于在综合执法初期执法人员素质不高，执法程序不完善，暴力执法、野蛮执法现象严重，导致了市民对城管机关的评价很低，也从一定程度上导致了暴力抗法现象的增加。

之所以产生财政经费不足的情况，原因之一是现有财政体制不合理。目前北京市综合执法的财政负担重心在区县一级。但区县级政府本身要承担综合执法的主要工作，同时还要负担大量的经费支出，负担过重，无力承担综合执法的费用。

（七）执法监督机制不健全

权力不受监督和控制，就会被滥用。近年，随着对行政执法监督重视程度的增加，国家先后制定了一批关于行政执法监督的法律法规，如《行政监察法》、《行政监察法实施条例》、《公务员法》等，行政执法监督的立法取得了明显进步。但是我国现行的城市管理综合行政执法领域仍存在监督主体过多、独立性不强，监督力量分散，司法监督的限制较多、缺乏可行的操作规程，对法律责任的规定不明确，内部监督机制不完善，社会监督的制度化、法律化水平较低等问题。①

二、完善的对策建议

（一）重新厘定城管执法的目的

要破解当前城市管理"暴力抗法"、"暴力执法"、"公害印象"的困境，固然需要诸多措施，但首先必须重新厘定城管执法的目的。

（二）传统执法观念的革新

根据服务市民的执法目的，有必要对传统的管理、权力、统治等观念予以革新，确立新的执法理念。这些观念包括：

1. 尊重和保障人权。是否尊重和保障人权已经成为判别一个国家、一个政府乃至一个公权力部门是否为民主法治国家的标准。所以我国2004年宪法修正案中明确提出：国家尊重和保障人权。城管执法过程中的尊重和保障人权，不仅仅尊重和保障公民的平等权、人身权、环境权，也包括尊重和保障公民的财产权、生存权。这正是"权为民所用、利为民所谋"的具体体现，这也是建设和谐社会的主要方式。

2. 行政法治。行政法治观念包括：行政民主，要求行政相对人参与到行政决策中来。例如行政立法过程的座谈会、论证会、公布草案广泛征求意见，行政执法过程中的听证会、行政相对人的评议等等；程序法治，要求执法必须依照法定和正当方式、步骤、顺序、期限来实施行政管理。行政公开，要求尊重和保障相对人的知情权，依法公开执法的依据、过程和结果。权利救济，如果相对人的权利受到侵害，他们可以通过行政复议、行政诉讼、行政赔偿等方式来保障其权利。此外，还应树立行政有限、责任行政、接受监督等观念。

（三）促进城管工作的法治化

制定一部统一的《城市管理综合行政执法法》。人们对城管执法的质疑，大多来自于其主体地位和职权没有明确的法律依据。虽然《中华人民共和国行政处罚法》是其最高依据，但是该法只是关于集中行使行政处罚权的规定，并不包括综合行政执法其他的行政职权，且这一法律规定十分概括，只是规定了集中行使行政处罚权制度，而对这一制度的执法主体、执法范围、执法程序、法律责任等具体内容都没有规定。目前北京市城管执法工作的主要依据是国务院制定的一些规范性文件和本市人大或市政府制定的法规、规章和其他规范性文件。立法上的缺失导致综合执法工作出现了执法缺乏统一性和规范性、法律适用冲突严重、执法手段遭到限制等一系列问题。因此，国家应该在总结现有综合行政执法工作经验的基础上尽快制定关于综合行政执法的法律——《城市管理综合行政执法法》，对综合执法的主体、执法范围、执法程序、法律责任

---

① 马怀德、王柱国.城管执法的问题与挑战——北京市城市管理综合行政执法调研报告.[J]河南省政法管理干部学院学报，2007（6）。

等内容进行具体规定。在现有条件下,如果制定相关法律的条件还未成熟的话,可以根据《立法法》第九条的规定,先由国务院就城市管理综合行政执法事项制定行政法规,为综合行政执法工作的进一步开展提供法律保障。待时机成熟时,再由全国人大制定相关法律。令人欣喜的是,北京市城管执法局已出台《北京市城市管理综合行政执法规定》,这不仅有利于推进北京市城管执法,而且对于促进国务院制定城管执法条例以致人大立法都有着重要的意义。

(四) 清理城管执法的法律法规

法律规范冲突是指法律、法规、规章以及其他规范性文件对同一事项的规定相互之间存在矛盾、抵触、不一致的情形。目前北京市城市管理综合行政执法工作的法律依据是地方性法规和政府规章,由于制定主体过多,职能划分不清等原因,这些法规规章不仅存在和上位法律相冲突的情况,而且同一位阶法律规范之间也存在相互冲突现象。这不但损害了国家法制的权威,给执法守法工作带来了混乱,而且影响了行政执法的效率,容易导致法律责任承担主体缺位现象的发生。所以必须对现行的法律依据进行系统的清理,尽量消除法律规范相互冲突的现象。

(五) 分区经营分类管理、全面理顺职能关系

结合都市特点、分区经营分类管理。北京市辖16区,2县,面积16410平方公里,目前户籍人口1500万左右;是全国政治、文化中心,世界著名的古都和现代国际城市,北京市城市治理工作任重道远。目前在城市管理、文化、交通运输等方面实行的综合执法在各个区县都取得了一定的成效,在实践中也成为北京市城市治理不可或缺的手段之一。在综合执法的范围把握上也没有必要要求北京的各个地带都要一致,从经济学的角度来说,我们也是在尽量少地牺牲其他利益的情况下追求一种综合效益的最大化。因此,我们应摒弃"一刀切"、"简单化"的管理观念,实行分类指导,分类管理。比如,针对小商小贩,上海、重庆等地已经出台新的管理措施。在2007年3月,全国"两会"前夕,与以严查、严管为主要手段的普遍做法不同,上海、重庆两市,先后提出了"不再一律封杀马路摊点"和"有序开放马路摊点"的政策。这些经验对于北京市有一定的借鉴意义。[①]

---

① 马怀德、王柱国.城管执法的问题与挑战——北京市城市管理综合行政执法调研报告.[J]河南省政法管理干部学院学报,2007(6)。

城市管理综合执法概论

10 第十章 城市市容环境卫生管理的综合执法

城市管理综合执法是一个涉及面广、政策性强的复杂的系统工程。执法的内容不但涉及城市建设和人民生活的方方面面，而且涉及不少其他执法主体。《上海市人民代表大会常委会关于同意在本市进行城市管理综合执法试点工作的决定》首先明确了上海市城市管理综合执法的3个关键性问题：一是综合执法的定义，是相对集中区级层面上的、城市管理相关领域有限的行政处罚权交由城管监察大队行使。二是综合执法的内容，是以市容市貌管理为主，涉及市容、环卫、绿化、市政、水务、公路、环保、规划、房地、公安巡察和工商行政管理等11个领域中限定的范围内执法监察。三是综合执法的依据，仅限于本市地方性法规和市政府规章。这些决定直接导致了城市管理监察大队依法执法的复杂性：1.虽是行政执法队伍，但能够执行的主要是区级执法机关或组织的部分行政处罚职权。2.虽然涉及11个执法领域，但主要的核心是必须与城市市容市貌管理有关的部分内容。3.虽然是一个核定授权的执法主体，但在形式统一、独立的城市管理综合执法法律依据没有制定颁布前，仍然只能引用原有的各专业执法部门法律资源，而且局限于上海市的地方法规和规章。

城市管理综合执法的内容，主要是市容环境卫生管理综合执法，还包括建（构）筑物管理综合执法、基础设施管理综合执法、园林绿化管理综合执法、废弃物管理综合执法等。

第一节 城市市容环境卫生管理的执法主体与对象

一、城市市容环境卫生管理的执法主体

城市市容环境卫生管理的执法主体是法定授权组织，即市市容监察总队或区、县监察支（中）队。区城管监察大队依法可以行使区市容监察支队的行政处罚权。乡镇政府所在地集镇、非建制镇的市容环境卫生责任制行政处罚主体，也可以由法定行政机关乡镇人民政府行使。

上海市市容环境卫生责任制依据的行政处罚法律资源有：《上海市市容环境卫生管理条例》、《上海市水域环境卫生管理规定》、《上海市建筑垃圾和工程渣土处置管理规定》、《上海市集镇和村庄环境卫生管理暂行规定》等。

城市市容环境卫生管理执法主体的具体行政行为有：行政检查；行政强制；行政处罚，包括警告和罚款；行政处理，建议其上级主管部门对直接负责的责任人员给予处理。

区城市管理监察大队依据本市市容环境卫生管理方面的法规、规章，被授权对陆域和非市管河道范围内违反市容环境卫生责任制管理的违法行为实施行政处罚。

二、城市市容环境卫生管理的执法对象

城市市容环境卫生管理的执法对象为违反市容环境卫生责任制、水域环境卫生责任制和建筑垃圾、工程渣土环境卫生责任制的行为。

（一）市容环境卫生责任制

市容环境卫生责任制是指城镇所有单位和个人对自己所有、使用或管理的特定区域依法负有保持市容环境卫生整洁、美观的义务，如履行义务未达到规范标准，将承担相应法律责任的城市市容和环境卫生社会管理的基本制度。

上海市市容环境卫生责任制源于20世纪70年代的"门前三包责任制"，即门前园林绿化、环境卫生、交通秩序包管责任制。20世纪80年代末，因《上海环境卫生管理条例》颁布生效而改为门前环境卫生责任制，并被国家采纳列入全国创建卫生城市检查、评比、考核的必查项目之一。20世纪90年代中期，国务院颁布《城市市容和环境卫生管理条例》，充分肯定了门前环境卫生责任制在全国推行的法定地位。2001年11月14日，上海市人大常委会立法颁布《上海市市容环境卫生管理条例》，将责任制的内容从单一的环境卫生扩展为市容环境卫生，并于2002年4月1日起实施，根据2003年4月24日上海市第十二届人民代表大会常务委员会第三次会议《关于修改〈上海市市容环境卫生管理条例〉的决定》第一次修正；根据2009年2月24日上海市第十三届人民代表大会常务委员会第九次会议《关于修改〈上海市市容环境卫生管理条例〉的决定》第二次修正。

市容环境卫生的责任区和责任人是两个重要因素。

1. 市容环境卫生责任区的责任要求是指市容环境卫生责任人应当履行的具体义务和行为规范，主要包括三个方面：(1) 保持市容整洁，无乱设摊、乱搭建、乱张贴、乱涂写、乱刻画、乱吊挂、乱堆放等行为；(2) 保持环境卫生整洁，无暴露垃圾、粪便、污水，无污迹、无渣土、无蚊蝇滋生地；(3) 按照规定设置环境卫生设施，并保持其整洁、完好。

2. 市容环境卫生责任人是指依法对特定区域市容环境卫生负有义务并承担相应法定责任后果的公民、法人和其他单位、组织。按照《上海市市容环境卫生管理条例》第12条、第15条规定，城市环境卫生责任人分为12类：

(1) 实行物业管理的居住区，由物业管理企业负责；未实行物业管理的居住区，由居民委员会负责。

(2) 河道的沿岸水域、水闸，由岸线、水闸的使用或者管理单位负责。

(3) 地铁、轻轨、隧道、高架道路、公路、铁路，由经营、管理单位负责。

(4) 文化、体育、娱乐、游览、公园、公共绿地、机场、车站、码头等公共场所，由经营管理单位负责。

(5) 集市贸易市场、展览展销场所、商场、饭店等场所，由经营管理单位负责。

(6) 机关、团体、学校、部队、企事业等单位周边区域，由相关单位负责。

(7) 施工工地由施工单位负责；待建地块由业主负责。

(8) 保税区、科学园区、独立工业区和经济开发区内的公共区域，由管理单位负责。

(9) 按照前款规定责任不清的地区，由所在地的区（县）市容环境卫生管理部门确定责任人。

(10) 城市道路、桥梁、地下通道、公共广场、公共水域等城市公共区域的市容和环境卫生，由市或区（县）市容环境卫生管理部门负责。

(11) 街道、里弄的市容和环境卫生，由街道办事处或者镇人民政府负责。

(12) 公共厕所、垃圾运转站及其他环境卫生公共设施的市容和环境卫生，由市容环境卫生管理部门或者其委托的单位负责。

（二）水域环境卫生责任制

水域环境卫生责任制指拥有岸线的单位，无论以何种形式占用、承包、出租其岸线或码头，均不改变其所负的水域环境卫生责任区的保洁责任。其水域环境卫生责任内应做到：落实水域环境卫生保洁责任人；设置与垃圾、粪便产生量相适应的容器；有防止漂浮物流出责任区的措施，并保持责任区内水域清洁。具体范围和保洁要求和由水上环境卫生管理部门划分、确定，并书面告知责任单位。

（三）建筑垃圾、工程渣土环境卫生责任制

建筑垃圾、工程渣土环境卫生责任制指产生建筑垃圾、工程渣土的建设或施工单位，应当在工程开工前 5 日按规定向市渣土管理处或者区、县市容环境卫生管理部门申报建筑垃圾、工程渣土排放处置计划，如实填报建筑垃圾、工程渣土的种类、数量、运输路线及处置场地等事项，并签订环境卫生责任书。渣土垃圾是城市市容环境卫生的主要污染源，就单位而言可能是暂时的，但对建筑施工工地而言，则是永久问题。

第二节　城市市容环境卫生管理的违法认定与查处

城市市容环境卫生管理违法行为的认定较为复杂。按照一般的法学原理，违法责任由违法行为的实施人承担，但在市容环境卫生责任区内着重落实的是单位和个人对其所处特定社会环境的法定保洁义务是否已被规范履行，而不强求导致责任区的污染直接实施者是谁。例如书店市容责任区内出现的瓜皮纸屑，并非书店员工或者购书顾客所为，而是过往的其他行人所致，只要书店没有履行保洁义务，或者虽已保洁但仍未达到规范保洁标准，或者两者均已履行但却将垃圾扫入马路，将污染转移到他人责任区或者公共保洁区域的，即已构成市容环境卫生责任制的违法行为，就应予以追究对应的行政法律责任。

一、占路、堆物的认定与查处

市容环境卫生管理综合执法的一个重要对象是城市道路被非法占用，主要包括占路和堆物。

（一）执法的范围

市容环境卫生管理综合执法有关道路的范围有：

1. 城市道路及其附属设施、城市桥梁及其附属设施、城市桥梁安全保护区域

城市道路，是指市区和城镇范围内（除公路外），以车辆、行人通行为主要功能的通道，包括车行道、人行道、路肩、边坡、边沟、广场、道路附属设施和按照城市道路规划红线让出的用地等。城市道路附属设施，包括路名牌、人行护栏、车行隔离栏、导向岛、安全岛、绿地、行道树、窨井盖等。

城市桥梁，是指市区和城镇范围内架设在水上或者陆上，连接城市道路，供车辆、行人通行的构筑物，包括跨越江河的桥梁、隧道、车行立交桥、人行天桥、人行地道、高架道路、涵洞、桥梁附属设施和按照城市道路红线让出的用地等。城市桥梁附属设施，包括桥孔、挡土墙、桥栏杆、人行扶梯、桥名牌、限载牌、收费亭等。

城市桥梁安全保护区域，是指桥梁垂直投影面两侧各10米至各60米范围内的水域或者陆域。

2. 公路及其附属设施、公路用地、公路建筑控制区

公路，是指本市行政区域内的国道、省道、县道和乡道，包括公路桥梁、公路涵洞和公路隧道。公路按其在公路网中的地位分为国道、省道、县道和乡道，并按技术等级分为高速公路、一级公路、二级公路、三级公路和四级公路，具体划分标准由国务院交通主管部门规定。

公路附属设施是指为保护、养护公路和保障公路安全畅通所设置的公路防护、排水、养护、管理、服务、交通安全、渡运、监控、通信、收费等设施、设备以及专用建筑物、构筑物等。《上海市公路管理条例》第2条规定，绿地也属于公路附属设施范畴。

公路用地，是指由县以上地方人民政府依法确定公路两侧边沟（截水沟、坡脚护坡道）外缘起不少于1米的公路专用地。《上海市公路管理条例》第10条规定：公路两侧有边沟、截水沟、坡脚护坡道的，其用地范围为边沟、截水沟、坡脚护坡道外侧1米的区域；公路两侧无边沟、截水沟、坡脚护坡道的，其用地范围公路的路缘石或者坡脚线外侧5米的区域；实际征用的土地超过上述规定的，其用地范围以实际征用土地范围为准。

公路建筑控制区是指由县级以上地方人民政府按照保障公路运行安全和节约用地原则，依照国务院的规定划定，经县以上地方人民政府交通主管部门设置标桩、界桩的公路控制建造建筑物、构筑物的特定区域。其目的是要防止造成公路街道化。

3. 城镇道路街坊、里弄通道

道路、公路的功能是保障交通通畅，而不是被非法占用。乱占路，是城市管理中最常见的违法行为，乱堆物则是乱占路中较为普通的现象。擅自侵占城市道路、公路，非法侵害交通网络，损坏路基路产的行为人可能是单位，也可能是个人。单位中也可能包括市政道路养护、修建单位和市政公用设施施工单位。

（二）主管部门和执法依据

占路、堆物违法行为的主管部门有：市政工程管理、公路路政管理、市容环境卫生以及公安交通、巡警等执法主体。区城市管理监察大队依据《上海市城市管理相对集中行政处罚权暂行办法》对违法占路、堆物的行政执法范围设定为：市容环境卫生（第7条）；市政、公路（第8条）。

区城管监察大队依法可以行使区级层面上城市道路、桥梁、公路法定行政机关、法定权组织所享有的行政处罚职权，对违反非市管道路（公路）、桥梁及其附属设施管理的违法行为实施行政处罚，但对陆域的堆物影响市容环境卫生的行政处罚不受市、区（县）道路或公路及其桥梁，附属设施的种类管辖制约。同时，行使区公安巡警对违法占路、堆物的行政处罚权。

上海市占路、堆物的行政处罚法律资源主要有：《上海市城市道路桥梁管理条例》、《上海市公路管理条例》、《上海市市容环境卫生管理条例》、《上海市城市管理相对集中行政处罚权暂行办法》、《上海市集镇和村庄环境卫生管理暂行规定》、《上海市临时占用城市道路管理办法》、《上海市人民警察巡察条例》。

（三）认定和查处

违法占路、堆物的情况十分复杂，存在"八个多"，即表现形式多、行政执法主体多、主管部门多、可供执法的法律资源多、具体行政行为种类多、行政罚款的档次多、自由裁量权多、监察执法的客体对象多。因此，在具体适用法律资源，做出具体行政行为时一定注意以下5个不同：

1. 道路和公路的管理对象、标准、规范、执法手段，处罚幅度不同，尤其是公路不能适用《上海市临时占用城市道路管理办法》。

2. 城区和集镇、村庄管理的标准、规范、处罚幅度不同，城区处罚额度明显高于集镇和村庄。

3. 衡量罚款的计算单位不同。城市道路按情节轻重、占路等级、占用面积多少、日期长短、损坏路产程度以及道路修复费计罚；公路按情节轻重、后果大小计罚；市容环境卫生按影响环境卫生的情节轻重计罚；公安巡察则按发现的行为次数计罚。

4. 超面积、超期限占路罚款的最高上限相同，但下限计罚标准不同。按照《上海市城市道路桥梁管理条例》第48条第一款第二项规定："对超过部分处以每平方米每日20元至200元，但最高不超过2万元的罚款"。而按照1995年8月28日的《上海市临时占用城市道路管理办法》第18条第一款规定，则将超面积、超期限占路分为两大类，其一是尚未对城市道路及其设施损坏的，可以责令限期改正，凡确属该《办法》第6条不予批准临时占路的9种情况。对超出部分处以每天100元以上200元以下罚款，但最高不超过2万元。而对发生在不予批准临时占路9种情况外，其他道路和路段的超占违法行为，"对超过部分处以每平方米每天20元以上100元以下罚款，但最高不超过2万元"。综合分析法条依据冲突，我们不难发现前者是立法的原则规定、一般规定，后者是依据前者的特别规定、细化规定，是对自由裁量权的分类制约，符合依法执法原则，按照特别规定优于一般规定的精神，应当适用后者，不能简单地一律套用前者的原则法条执行行政处罚。

5. 代为清除的程序不同。《上海市城市道路桥梁管理条例》第47条、第48条、第49条均做出规定："责令限期改正或者承担代为清除费用，赔偿修复费"，其中包括未经批准擅自占路，或虽经批准但超面积、超期限占路。《上海市临时占用城市道路管理办法》第17条、第18条规定为，"对逾期仍不改正的"，才可以"代为清除占路物资，并收取代为清除费用"。同一种代为清除的行政强制行为，出现2种不同执行程序。依据前者是主动选择型，只要发生此类违法行为，行政执法机关即可依法自主选择是限令违法行为人在规定期限内自行改正为好，还是直接代为清除，立即实现行政目的，迅速恢复道路原状为妥；依据后者则是被动前置型，责令整改是前提，逾期不改，行政执法机关才有可能采取代为清除措施。按照前述超面积，超期限计罚适用标准冲突处理办法，可以解决类似的问题，但对《上海市城市道路桥梁管理条例》第47条、第48条、第49条中不属于占路的其他违法行为，应当按主动选择型采取强制代为清除措施。

二、设摊污染的认定与查处

擅自设摊、有证设摊污染、跨门设摊经营等违法行为是市容环境卫生监管的重点之一。

（一）执法的范围

无证设摊，是指设摊者没有取得应当具备的法定许可证、执照，或者虽有其中部分许可证照，但仍缺少其他必备许可证件，或者所持许可证、执照因超越批准许可的时间、地点、面积、经营范围等原因处于失效或无效状态，但仍在继续设摊从业。城市管理综合执法检查，设摊单位或个人的所需许可证照种类，原则上应与其法定授权的行政检查权、处罚权相一致。

设摊者必须做到摊位整洁。摊位设置及其设摊所用物品（车、棚、伞、经营物件用具、桌椅等）不仅保持外观整齐，而且清洁，既符合市容观瞻要求，又符合环境卫生规范。摊位由从业者负责清扫保洁，且责任不转移。单位和个人在集市贸易市场设摊，应按有关规定保持摊位的整洁，做好周围的清扫保洁工作。设在非集市场所的固定摊贩和流动摊位应自备垃圾容器，并保持摊位和营业场地周围的环境整洁。环境卫生保洁周边范围，依法由市容环境卫生主管部门划定，流动摊位一般自其使用地域至四周各1米。

违法设摊者包括单位和个人，其行为包括无证违法和有证违法。因为城市管理综合执法所调整的某些法律关系与设摊是否有证无关，只要设摊违反法定规范标准或者造成既定违法事实，就要依法追究其应负的法律责任。例如市容环境卫生，只要设摊妨碍市容观瞻、污染环境卫生或者没有自备垃圾容器，即使有证，在规定场所设摊经营，也要受到行政处罚。

（二）主管部门和执法依据

乱设摊和设摊污染的主管部门有市容环境卫生、市政工程管理、公路路政管理、园林绿化管理、工商行政管理、公安部门等。乱设摊涉及城市管理众多领域，城市管理综合执法只是相对集中其中部分领域的行政处罚职权。区城管监察大队依据《上海市城市管理相对集中行政处罚权暂行办法》，对乱设摊的行政执法范围设定为：市容环境卫生（第7条）；园林绿化（第9条）；市政、公路（第8条）；公安、工商（第12、13条）。

上海市乱设摊和设摊污染行政处罚法律资源有：《上海市城市道路桥梁管理条例》、《上海市公路管理条例》、《上海市市容环境卫生管理条例》、《上海市绿化条例》、《上海市人民警察巡察条例》、《上海市城市管理相对集中行政处罚权暂行办法》、《上海市临时占用城市道路管理办法》、《上海市取缔无照经营和非法交易市场暂行规定》等。

（三）认定和查处

乱设摊，涉及城市管理综合执法大队可以直接引用、现行有效的法律资源共有10个，具体适用、做出具体行政行为时要注意不同场合、不同对象：

1. 个体工商户并非均可视为单位。个体工商户是特殊经济组织，如视其为单位，简易处罚罚款上限可以为1000元，而不受公民个人50元的上限制约。城市管理综合执法查处乱设摊必须认真核对所引用法律条文，并以该系统专业执法认定个体户是否属于单位的标准及依据为准。

2. 个人设摊并非均可认为个体工商户。实际上单位、个体工商户可能成为乱设摊的违法行为当事人，尽管流动或固定设摊的具体行为人可能都只有1个人，但承受的法律责任可能不同。至于个人或者下岗失业人员、农民自产自销零星少量的蔬菜、农副产品，不能简单地都认定为个体户设摊，也不能将承包到个人的设摊经营行为，轻易地都视为与发包单位无关的个人设摊。一定要实事求是，依法定性，才能合理、合法执行行政处罚职权。

3. 新村、街坊、里弄小区内的乱设摊处罚，慎用公安巡察法律资源。公安巡警的法律资源来自公安系统内部各相关警种及城市建设管理、工商行政管理的原有法律资源。《上海市城市管理相对集中行政处罚权暂行办法》第13条虽然授权城管监察大队可以依据《上海市人民警察巡察条例》和《上海市取缔无照经营和非法交易市场暂行规定》及本市其他工商管理方面的法规、规章，对无证设摊违法行为实施行政处罚，但适用范围严格限制为"在道路上乱设摊"。

4. 在集镇、村庄不能以乱设摊的名义做出行政处罚。《上海市集镇和村庄环境卫生管理暂行规定》第17条、第18条仅以环境卫生责任制管理、处置垃圾申报管理角度提出规范要求和对应罚则，而没有任何法条直接提出可供对乱设摊行为的执法处罚，至多只能以"未做好环境卫生责任区内清扫保洁工作"，处100元以下罚款，或者以"自行处置垃圾未按规定申报的，处200元以下罚款"。与城市化街道社区适用《上海市市容环境卫生管理条例》存在明显区别，必须引起高度重视。

三、张贴、涂写、刻画的认定与查处

乱张贴、乱涂写、乱刻画是城市管理综合执法急需综合治理的主要常规目标之一。

(一) 执法范围

乱张贴，是指未经批准许可，违反有关管理规范，在依法规定的时间、场所、方式外随意擅自粘贴各种形式的宣传品、广告、图像、文字、符号等物品，或者招贴、悬挂张贴物所用的纸、塑、布、木、化纤织物等质料载体污秽、破损、残缺、剥落，有碍市容观瞻和环境卫生，或者张贴物内容有伤社会风化，有损社会主义精神文明建设，有违法律、法规、规章和政策。

乱涂写，是指未经批准，违反有关管理规范，擅自采用墨汁、油漆、涂料、沥青、粉笔等有色颜料，在地面、墙表、雕塑、橱窗、路牌、杆桩等建筑物、构筑物以及市政、公用、环卫、邮电等基础设施、设备上随意涂抹各种文字、符号、图案、花纹、线条等有碍市容观瞻、不洁、不雅、不良或者违法的内容或者意思表示。

乱刻画，是指未经批准，违反有关管理规范，擅自用利器在建筑物、构筑物设施、设备以及树木上随处刻画文字、符号、图案、线条、花纹等损害公共财物，有碍市容观瞻的违法行为，或者刻画内容有违道德文明的不良行为。

张贴涂画物，既可以是商业性广告、海报、标语、宣传品，也可以是生活性启示、说明、便条或者其他物件，作为信息传递的媒介在城市生活中大量存在，几乎每时每刻都在发生，如不加以监督、控制、管理，就会破坏城市容貌观瞻，影响社会安宁稳定，妨碍环境卫生，干扰市场经济，危及交通安全，造成"黑色污染"。乱张贴、乱涂写、乱刻画是城市常见的多发性"顽疾"，具有很强的反复性。

打击无证擅自张贴、涂画，保护合法张贴。城市管理综合执法机关行使多部门行政处罚权的相对集中综合监督检查，一定要熟悉、掌握工商、规划、市容、环卫、绿化、房地、医药、卫生等行政管理部门的有关管理制度，才能及时有效综合治理"黑色污染"，维护法律秩序。

(二) 主管部门和执法依据

乱张贴、乱涂写、乱刻画涉及城市管理众多的行政执法、管理主体，与城市管理综合执法现有归并的行政处罚职权中相关的行政执法主管部门有市容环境卫生、市政工程管理、公路路政管理、园林绿化管理等执法主体。

上海市乱张贴、乱涂写、乱刻画行政处罚法律资源有：《上海市市容环境卫生管理条例》、《上海市城市道路桥梁管理条例》、《上海市公路管理条例》、《上海市绿化条例》、《上海市城市管理相对集中行政处罚权暂行办法》、《上海市禁止乱张贴乱涂写乱刻画暂行规定》等。区城管监察大队依据《上海市城市管理相对集中行政处罚权暂行办法》对乱张贴、乱涂写、乱刻画的行政执法范围设定为：市容环境卫生（第7条）；园林绿化（第9条）；市政、公路（第8条）。

乱张贴、乱涂写、乱刻画涉及众多的行政审查、许可、监督、管理、执法部门，

由于法律规定的局限，上海市的城管综合执法尤其需要充分加以利用有限的执法依据，加大力度打击，查处乱招贴、乱涂写、乱刻画，严格依法执法，正确处理好诸多具体法条的适用关系。

（三）认定和查处

1. 广告与张贴、涂画的区分。广告重在所表示的内容，张贴、涂画则是意思表示的一种外表现形式。广告可以通过张贴、涂画的形式发布、表示，但不能简单地等同于张贴、涂画。广告还可通过散发资料、制作电子屏、进入网络、通过广播、电视、音像、气球、公共交通工具、通信工具等形形色色的途径加以传播。张贴、涂画的，不一定都是广告，更大量的则是一种社会信息，包括个人的启事、作品、思想情感宣泄、公共宣传标语、导向标志、符号等。乱张贴、乱涂写、乱刻画的内容确属广告性质，且又系违法发布、设置的，仍可依据广告管理的有关法规、规章从重从严予以查处，加大违法行为的成本，不让其有利可图。

2. 广告设置与发布。广告设置涉及的是发布广告的载体设施，广告的发布则是广告通过一定的途径所选用的具体表现形式，招贴、涂写、刻画是其中之一。因此，广告设置与广告发布涉及的法律关系，行政处罚各不相同，必须仔细区分。

3. 强制代为改正的适用方式、主体不同。具体可以分为4种类型：

（1）适用《上海市市容环境卫生管理条例》的，是一种方式两种主体：该方式为拒不清除的，代为清除，所需费用由违法行为人承担。两种主体是市容环境卫生管理部门或市容环卫监察组织。实行城管综合执法试点地区根据法定授权当然还应有第三种主体，即区城管监察大队。

（2）适用《上海市禁止乱张贴乱涂写乱刻画暂行规定》的，明确了两种方式两种主体：第一种方式是先行代为清除。限用于违法行为后果已经存在，一时难以发现违法行为人的。为了迅速恢复市容整洁，无论发现者是市容环境卫生等主管部门还是城市管理综合执法队伍，或者是对建筑物、构筑物、树木及其他设施的整洁负有义务的使用、管理以及产权单位，都可以成为先行代为清除的执行主体；第二种方式是逾期不改，才予组织代为清除。限用于违法后果存在，且已发现违法行为人的。由城管监察大队等有权执法部门责令违法行为人限期改正。逾期不改，行政执法机关可以自己组织力量，也可以通过街道、镇组织有关社会力量强制代为清除，执行的组织主体唯一，始终是行政执法机关。

（3）适用《上海市城市道路桥梁管理条例》，则是两种方式一种主体，即由执法主体自主行使行政自由裁量权，既可以责令违法行为人限期自行改正，也可直接采取强制代为清除措施，责令违法行为人承担代为清除费用。

（4）适用《上海市公路管理条例》或《上海市绿化条例》的，只有责令当事人限期改正，并无强制代为改正的职权。

4. 代为改正的费用计算标准统一。强制代为清除乱招贴、乱涂写、乱刻画，无论是先行代为改正还是事后代为改正，无论组织者是行政执法部门还是负有义务的其他单位，计算代为清除污染的费用标准是统一的。按照乱张贴、乱涂写每处 10 元，乱刻画每处 20 元的标准计算。代为清除费用明显高于规定标准的，按实际发生费用计算。

四、交通运输、车辆清洗污染的认定与查处

车辆、船舶运输污染、装卸污染、车辆清洗污染、车容不洁、带污营运、无证违法清洗、擅自排放污水污物，是构成城市常见污染的主要来源之一，因此造成市容、环卫、环保的连锁侵害成为城市管理综合执法的重要目标。

（一）执法范围

车辆清洗保洁标准，指客车、货车、特种车等机动车辆进入市区必须保持车体整洁，车容应达到规范要求。车辆保洁的基本规范，指车辆在维修、保养、清洁时，遵守国家有关规定，不对环境造成新的污染所应达到的标准底线。

车辆运输保洁规范，是指各类车辆在运输客、货过程中应当负有的市容环境卫生义务，具体是指：运输液体或渗漏液物的，应有防渗漏措施；运输碎散物的，应有防散落措施；运输粉尘或易飘物的，应有防飞扬措施；运输禽畜的，应有防禽畜粪便、饲料、稻草等杂物洒漏措施；不向车外抛扔杂物、垃圾或者弃物；装卸、作业后保持场地整洁；运输垃圾、粪便等废弃物的，应有加盖、封闭等防污染措施。

车辆、船舶在装卸、运输客、货物资时，经常容易对城市市容环境卫生和环境保护维系的法律秩序造成侵害，构成违法行为，导致污损环境后果。城市管理综合执法队伍的任务是综合行使法定授予的相关行政处罚职权，严格依法执法，保持和维护良好的市容卫生环境，制止、清除车辆、船舶交通运输中发生的违法行为及其后果，净化城市生态环境。

车辆、船舶在使用过程中必然要进行正常的养护、维修、保洁，清除废弃的油、水等垃圾杂物。如果不加以监察管理，会对环境造成新的更大的污染，妨碍市容观瞻。城市管理综合执法人员要依法打击无序的违法清洗保洁，积极支持、倡导自行、自愿、规范清洗、保养车辆、船舶等机动交通工具，文明执法、热情服务。保护城市环境不受违法侵害、保护合法清洗、保养车辆的正当权益。提高城市车辆、船舶的容貌整洁质量。打击违法设卡强行拦车清洗和违法无证清洗车辆，同时严肃查处无视规定，拒不执行机动车辆清洗保洁责任制度、不洁车辆违法行驶的行为。

按照国家建设部和上海市政府有关规章规定，在市区内行驶的机动车辆，应当建立车辆清洗保洁责任制度，车容不洁的，应当及时清洗干净。有机动车的单位，应由驾驶员自行清洗后，方可驶离单位；有公共客运汽车、电车、出租车、货物运输汽车的单位，应当配置车辆清洗保洁设备，落实清洗保洁措施；建设施工工地出入的机动车，建设单位、施工单位应有及时冲洗、保洁车容、车轮的设施和措施，禁止带泥驶出工地。实践证明，车辆保洁责任制是城市市

容环境卫生防污染源头管理的有力举措。城市管理综合执法人员要加大随机监察的查处力度，不放过责任追究，促进车辆保洁责任制完善并落到实处。

（二）执法主体和执法依据

车辆、船舶装卸、运输污染、机动车辆清洗污染、无证无序违法清洗以及车容不洁营运的执法和管理，涉及城市管理众多的行政执法、管理主体。与城市管理综合执法现有已经归并的行政处罚职权中相关的行政执法主管部门有市容环境卫生、市政工程管理、公路路政管理、水务河道管理以及环境保护等执法主体。

上海市交通运输、车辆清洗污染行政处罚法律资源有：《上海市市容环境卫生管理条例》、《上海市城市道路桥梁管理条例》、《上海市公路管理条例》、《上海市河道管理条例》、《上海市环境保护条例》、《上海市城市管理相对集中行政处罚权暂行办法》、《上海市机动车清洗保洁管理暂行规定》、《上海市水域环境卫生管理规定》、《上海市城镇环境卫生设施设置规定》等。

区城管监察大队依据《上海市城市管理相对集中行政处罚权暂行办法》，对车辆、船舶装卸、运输污染、车容不洁、无证违法清洗等违法行为的行政执法范围设定为：市容环卫（第7条）；市政公路（第8条）；河道水务（第10条）；环境保护（第11条）。

由于法律关系调整的角度、对象、内容不尽相同，因而涉及城市管理市容、环卫、市设、环保、公路、水务等众多行政执法主体，而且和行政管理之间关系密切。城市管理综合执法行使的是众多主体中一部分行政处罚权。处罚是十分重要的手段，但综合整治不能只靠这一手段，还要充分发挥其他行政执法的手段。城市管理综合执法处罚应当及时和有关行政执法主体加强联系，对技术性认定要求较强的违法行为定性、反复性较大的违法行为查处共同研究治理对策，更好地实现综合执法、综合治理的行政法治目的。

五、违规设置围栏的认定与查处

围栏设置、养护管理及其依法拆除，是围栏监察管理的主要内容。忽视围栏管理，所产生的对城市市容、环境卫生、环境保护、文明施工危害和污染是必然的。行政执法的主要途径是源头治本，防患未然，防治结合，严防严治。

（一）执法范围

围栏，包括建筑围栏、固定生活垃圾转运围栏、垃圾处理厂（场）围栏、建筑垃圾、工程渣土临时储运场地围栏、施工场地围栏、建设工程工地围栏、市政工程项目工地围栏、临时占地堆物围栏等等。围栏管理规范，是指为加强城市市容观瞻、环境卫生、通行安全和文明施工管理而采取的隔离不同功能区划的措施，其基本目的是维护城市整体环境美观、卫生、安全、文明，确保城市生活、生产、工作秩序正常进行，在不同功能区域范围能够各行其是，互不干扰或者避免不必要的干扰影响。

城镇建设、建筑施工、市政项目工地、渣土垃圾堆点、生活垃圾应急临时堆场、防止占路、堆物等活动，对城市市容、环境卫生、交通安全、环境保护会带来不同程度的影响。施工建设单位、垃圾处置贮运、堆放者，批准后的占地使用人依法设置符合规范要求的围栏，使施工、堆放、使用区与所处路段的正常生活、工作、通行区合理分隔，并加强对所设置围栏后的日常管理，保持稳固、整洁、有效，发挥应有的功能作用，是美化、净化城市环境的需要。城市管理综合执法人员的职责是依法监督围栏设置者规范设置行为，保护其不受违法侵害、破坏，同时严格查处违反围栏设置规定的行为。

围栏的设置象征着法定秩序的关系确立，其管理必须相伴始终，不能重施工、轻管理，不设围栏或者设而不管、设置不规范。按照现有城市管理规定，围栏的形式不尽相同，至少有9大类；所用的质材要求不相同，不少于7种；所定的高度也不相同。不仅要依法设置，而且要达到规范标准，并在施工、占路结束使用前一直保持达标状态；竣工或使用期满后应立即拆除，恢复原状；不仅要监督设置责任人，而且要防范其他人对围栏的污染损坏；不仅要依法查处，而且要监督整改，使围栏发挥应有作用，督促设置人、加害人履行行政义务。管住、管好围栏，就能够从源头上控制城市施工、占路造成的脏、乱、差。

（二）执法主体和执法依据

围栏管理与监察的主管部门主要有市容环境卫生和市政工程管理。区城管监察大队依据《上海市城市管理相对集中行政处罚权暂行办法》，对围栏设置中发生的各类违法行为的行政执法范围的设定为：市政工程（第8条）；市容环卫（第7条）。

上海市围栏监管行政处罚的法律资源有：《上海市市容环境卫生管理条例》、《上海市城市道路桥梁管理条例》、《上海市城市管理相对集中行政处罚权暂行办法》、《上海市城镇环境卫生设施设置规定》、《上海市建筑垃圾和工程渣土处置管理规定》等。

由于法律所调整的关系不同，围栏设置行为涉及城市市容、环卫、市政等行政执法主体。城市管理综合执法行使的只是其中的部分行政处罚职权，在具体执法实践中一定要正确认定性质以及不同种类围栏的适用对象及其法律责任。

（三）认定和查处

1. 区分围栏的一般要求和特殊性。同样施工、建筑、建设工地和市政工程项目设置围栏的要求大不相同。前者连续、密闭，不可间断，不能透视、外露施工作业区内情况；后者基本透视，其长度具有选择性，可以连续不断也可以按工程进度分段设置；同样是建筑、建设工地，围栏的高度因所处路段、建在城市中的地位不同而不同。在主要路段、市容景观道路以及机场、码头、车站、广场等大型公共集散场所的，不低于2.5米，且有稳固、整洁、美观的要求，而在此以外其他路段的，则要求不低于1.8米，且无美观的规范，只要设置稳固、整洁即可。

2. 堆物性质决定不同围栏。堆放建筑垃圾、工程渣土、生活垃圾的场地被视为环境卫生设施的,其要求严格,标准高于一般的施工堆物。前者原则上是密闭、不准污物外露,固定点必须筑 2.5 米的实体高墙,且不准污水外流;后者只要能够遮挡,围栏高度达到 1 米以上的任意高度均可。同样路段增设销售网点、堆放货物、围栏不求遮挡、连续、密闭,只求要有护栏即可。

3. 法律责任的表述不尽相同。由于市容、环卫法规、规章是从市容景观卫生环境的立足点来调整围栏设置法律关系的,因此在具体适用法规、规章的法律责任追究条款中表述用语多半为:未按规定设置环境卫生设施(建筑垃圾、工程渣土、生活垃圾应急临时堆点,垃圾处置场等),施工影响环境卫生(围栏应设未设、已设不规范)等。而在市政施工中则将围栏归入施工作业现场明显区划标志种类。

六、违法饲养动物的认定与查处

家畜家禽,是指居家饲养的鸡、鸭、鹅、兔、羊、猪等动物。我国规定在按国家行政建制设立的市的市区内禁止饲养家畜家禽。因教学、科研以及其他特殊需要饲养的,须经其所在地城市人民政府市容环境卫生行政主管部门批准。城市居民不得饲养家禽家畜。因特殊需要临时饲养的,应当实行圈养。这里所指特殊需要,一般是指短期内为筹办婚丧、过年过节、祝寿等活动采购较多家禽家畜,一时难以全部宰杀,确需要饲养若干日期的特殊情况。

信鸽,是指可以用来传递书信的鸽子。城市市容管理特指参加信鸽协会人员所饲养的信鸽。一般单位市民饲养的鸽子,作观赏之用的,可以参照信鸽进行管理,如公园、广场、小区的群鸽。但专事贸易买卖商贩饲养的食用鸽、商品鸽,国家现有法规、规章没有明示禁止,有的将其列入家养的飞禽类加以管理,不准擅自饲养,也有的主张比照禽畜专业户管理。

(一)饲养动物的要求

家禽家畜饲养应当依法符合行为准则。在城市市区、县城、建制镇和中心集镇内以禁止饲养为主,确实有特殊原因,需要临时饲养或者职业性饲养,以及医院、学校、药厂、科研单位等教育科研实验需要饲养的,应当依法经过市容环境卫生管理等管理部门批准。按规定要求落实环境卫生保洁、防污染措施,确保不影响相邻周边的市容景观和环境卫生整洁。

根据有关规章,饲养家禽家畜应当做到以下规范:

1. 饲养家禽家畜。依照严于国家标准的上海市最新的地方法规规定,属于强制的禁止性规定,即不准饲养。城市化地区以外的其他区域是否可以有限制的饲养,地方法规授权市政府另行制定管理办法。在新规章未制定前,依据现行规定,村民饲养家禽家畜的环境卫生管理要求,由乡镇人民政府根据本地实际情况制定。禽畜饲养专业户必须实行圈养,禁止放养。对产生的禽畜粪便和冲洗笼圈的粪污水,必须按照有关规定进行清除和处置。禽畜饲养场所应当采取相应的灭蝇和防止粪、污水外流措施。禁止在公路上放养牲畜。

2. 运销家禽家畜。运输禽畜的,应有防止禽畜粪便、饲料、稻草等杂物洒漏措施；在集贸市场内销售家禽家畜的，应当落实保洁措施，不得影响环境卫生。

3. 饲养信鸽。居民饲养信鸽应当符合管理部门的有关规定，具备相应的条件，并采取措施防止影响周围市容和环境卫生。

4. 饲养宠物。居民饲养宠物不得影响环境卫生，对宠物在道路和其他公共场所产生的粪便应当即时自行清除。

5. 尸体处理。所有动物尸体（含家禽家畜）不得随意到处丢弃；科研、医疗卫生单位产生的动物尸体，必须按有关规定消毒处理；严禁倒入垃圾箱、垃圾堆和下水道。禁止乱扔动物尸体；集镇、村庄各种动物尸体应当实行深埋或者火化处理，不得任意丢弃。

（二）执法范围

违法饲养动物破坏环境是显而易见的。动物的粪便、寄生虫害以及管理失控，随时导致城市生存环境质量的恶化，甚至导致瘟疫危及人的生命安全，破坏社会生产力。疯牛病、口蹄疫、绦虫病、狂犬病、动物性流感、鼠疫、甚至艾滋病、血吸虫病等会通过动物的传递殃及市民，尤其是死因不明的动物尸体乱扔乱丢，污染环境、水质，迅速传播疾病，在这方面我们已经有过不少惨痛的教训。环境一旦遭受破坏，再去治理恢复，不仅耗时漫长，而且浪费大量人力、物力、财力，甚至要付出生命的代价。

城市管理综合执法对城镇区域内动物管理的主要对象不是动物，而是动物所有人、持有人、饲养人饲养动物行为是否合法，合乎规范标准。依据我国现有的法律资源，在城市化地区严格禁止饲养动物，只有在具备特定例外情况下，经过必要的审核批准，才可以在限定的时间、区域、场所、形式、范围内规范圈养或饲养。这是因为轻易放任随意饲养动物，不仅会严重影响城市市容观瞻和环境卫生，而且会危及城镇公共安全、社会秩序、生态环境、人们身心健康以及城市建筑物、构筑物、绿化的安全与寿命，造成不必要的损失。城市管理综合执法依法加强对饲养动物行为规范的管理，进而维护城市整体环境安全。市容卫生的法律秩序责任重大，任务艰巨，阻力不小，反复更大，需要依靠全社会的力量，通过法治与德治的双向努力及其综合整治，才能取得持续、有效的成果。

（三）执法主体和执法依据

动物饲养管理综合执法的主管部门主要有市容环卫和公路路政两个行政执法主体。上海市动物饲养管理综合执法的法律资源主要有：《上海市市容环境卫生管理条例》、《上海市公路管理条例》、《上海市城市管理相对集中行政处罚权暂行办法》。区城管监察大队依据《上海市城市管理相对集中行政处罚权暂行办法》，对饲养动物中发生的各类违法行为的行政执法范围规定为：市容环卫（第7条）；公路路政（第8条）。

城市饲养动物涉及众多行政执法部门，包括公安、卫生、畜牧、兽医、动物检疫、野生动物保护、市容、环卫、公路、居住物业、河道、环保等行政执法、管理机关，依据不同法律资源各司其职，各自把关，共同协作，严密监督违法饲养动物行为动向，加强动态管理和现场执法，及时制止污染，纠正违法，消除隐患，保护环境，维护城市安危和人民健康。城市管理综合执法相对而言，其范围、职责、权限都是十分有限的，目前行使的仅是其中的一部分。随着城市管理综合执法试点的深入开展，城市管理综合执法的执法范围、手段、内容将会得到进一步的拓展和整合。

七、乱吐乱扔、随地便溺的认定与查处

（一）执法范围

乱吐痰，是指随意向地面、水域、建筑物、构筑物、园林绿化等处所吐痰、擤涕等呼吸道、口腔分泌物污染环境卫生的行为。

乱扔杂物，是指随意抛掷丢弃烟蒂、纸屑、瓜果皮壳、核籽、口香糖；各种饮料、食品、药品等物件的包装；一次性使用的杯、盒、碗、餐具、手巾等生活用品和其他少量、零星的生活性废弃杂什物品，以及废电池等实行单独收集的特殊废弃杂品，影响市容观瞻污染环境卫生的行为。

随地便溺，是指行为人违反法定规范，在厕所、卫生间或粪便容器以外的其他地方随意大便、小便，污染环境卫生，影响市容观瞻的不良行为。

城市管理综合执法对乱吐乱扔、随地便溺违法行为的管理，主要是运用法律的强制后盾推进社会公德的自觉养成。乱吐乱扔、随地便溺是不良习惯、不道德的行为，但要上升到违法违规违章的高度来监察管理查处，即使有时罚款的额度并不大，但行为人往往难以接受，或者不以为然。在现场执法时常常因此发生争执、冲突，有时甚至出现情绪激动，矛盾激化，妨碍或者抗拒执法。城市管理综合执法人员尤其需要保持冷静，宣传维护市容环境卫生的义务，必须充分注意罚款不是目的，而是一种带有经济惩罚性的强制教育。行政执法的根本目的是消除污染，恢复卫生环境，说服行为人自行纠正违法行为，消除危害后果及其影响，认同社会公共道德和个人道德，以讲卫生为光荣，不讲卫生为耻辱，共同维护城市的市容环境卫生整洁。

（二）主管部门

乱吐乱扔、随地便溺违法行为的主管部门主要是市容环卫部门。综合执法的法律资源主要有：《上海市市容环境卫生管理条例》、《上海市城市管理相对集中行政处罚权暂行办法》等。区城管监察大队依据《上海市城市管理相对集中行政处罚权暂行办法》，对乱吐乱扔，随地便溺等违法行为的行政执法范围设定为：市容环卫（第7条）。

城管监察大队对乱吐乱扔、随地便溺综合执法的职责、权限等同于市容环境卫生行为机关及其监察队伍，但在具体执法实践中仍需充分注意下面3个问题：

1. 集镇、村庄是否属于城市管理综合执法适用的地域范围，依据《中华人民共和国城市规划法》第3条明确规定："本法所称的城市，是指国家按行

政建制设立的直辖市、市、镇。"在我国镇又可分为行政建制镇和非建制镇,而城市中所包含的镇是指行政建制镇。城管范围应当包括市区和郊县的建制镇。由于城乡一体化战略的稳步推进,上海郊县撤县改区,撤乡改镇,不少城区相继出现了集镇和村庄,有的镇改建为街道办事处。城市中试点区的建制镇完全符合城市管理综合执法的地域范围。在村庄和非建制镇,目前尚不具备城市管理综合执法的适用地域范围条件,仍然由市或区、县市容环境卫生管理部门及其监察队伍或者乡镇人民政府作为执法主体,继续行使行政执法处罚等职权。

2. 城市管理综合执法查处的乱吐乱扔、随地便溺,以发生在公共场所的为主。乱吐乱扔,随地便溺的行为可能发生在各种场合,可以发生在家庭、单位内部,也可能发生在室外公共场所。以公共场所而论,又有单位内和社会上的不同类型公共场所之分。目前,城市管理综合执法查处乱吐乱扔、随地便溺的违法行为只限于社会公共场所。

3. 村庄、非建制集镇不适用乱吐乱扔的行政处罚。我国地域辽阔,经济发展不平衡,城乡经济客观条件不一,有的相差悬殊。在相对发达的上海、广州、深圳等地也仍然有农村村庄;公共基础设施配套不全。因此,城市管理的质量标准也不尽相同。对于村庄和非建制集镇中出现的乱吐痰、乱扔杂物行政处罚,可以"网开一面"。

八、白色塑料污染的认定与查处

白色塑料污染,是指废弃塑料制品,尤其是白色发泡塑料散落在环境中破坏市容景观和环境卫生所造成的视觉污染,以及由于难以回收、填埋处理而对环境造成的再度污染。塑料作为石油化工的副产品,问世后被公认优点显著而广泛应用于包装领域。但随着时间推移,人们发现塑料作为高分子聚合物,尤其是经过发泡处理,在环境中难以自然净化,填埋 100 年不烂,焚烧产生有毒气体,回收成本高昂,难以处置的塑料垃圾越积越多,终于成为一种社会污染。

（一）管理范围

白色塑料污染主要是一次性塑料饭盒对环境造成污染。一次性塑料饭盒,是指制成后主要适用于一次性消费即予废弃的塑料饭盒。城市市容环境卫生和环境保护行政管理部门所以要加强这类制品的监督管理,主要原因是其所采用的不可降解工艺制品会危害环境,其次是它使用面广量大,只用一次,随意丢弃和难以处置,直接影响市容观瞻,污染环境卫生。治理白色污染需要双管齐下,在制造源头上以降解塑料强制替代不可降解塑料,在使用源头上以集中回收,制止用后即弃的乱扔陋习。因此,一次性塑料饭盒的使用必须同时符合质料降解、用后回收双重规范。否则,即构成违章。

强制回收制度,是指依照政府有关规章的规定,一次性塑料饭盒的生产、销售、使用单位应当对一次性塑料饭盒进行清洁整理后予以回收。强制回收分为3个层面:(1)产销单位按产、销一次性塑料饭盒的数量交付回收处置费用后,有义务对已产已销的一次性塑料饭盒组织回收,并按回收数量核退已交等比例的回收处置费;(2)餐饮业使用单位应当设置回收容器,清洁整理后送再生利用企业或市市容环卫局指定的场所处置;(3)由市市容环卫局确定专门单位负责设置若干网点,向社会回收一次性塑料饭盒,对收集送交者给予适度经济补贴或奖励。按规定负有回收责任的单位不回收或不规范回收,都被视为违法,应予以处罚。

区域禁用,是指根据城市政府加强管理的需要,通过公告形式决定在特定的区域范围内全面禁止使用一切形式的一次性塑料饭盒,包括可降解的塑料饭盒,严格控制对城市市容景观和环境卫生造成的视觉污染。《上海市一次性塑料饭盒管理暂行办法》第14条规定:本市范围内的车站、码头、机场以及国家旅游风景区、自然保护区内禁止使用一次性饭盒。

(二)主管部门和执法依据

城市管理综合执法重在源头管理。通过对一次性塑料饭盒生产、销售、使用、回收、处置五方面的全过程全方位监督管理,利用经济手段、行政手段、科技手段、法治手段多渠道综合治理白色污染,进而服务于城市经济建设,净化环境、美化市容、优化生态,使城市进入可持续发展的良性循环。

法治离不开法制。法治需要运用充分的法律资源,依托合理的法律制度去加强城市的综合管理。《上海市一次性塑料饭盒管理暂行办法》为此建立了下列8项基本监督制约管理制度。任何违背这些制度的行为,都将被严格依法追究规定的法律责任:

1. 产销单位登记制。本市一次性塑料饭盒生产单位,自取得工商营业执照后30日内到市市容环卫局登记;销售外地生产一次性塑料饭盒的单位,在销售前到所在地的区(县)市容环卫部门登记。

2. 公告产销单位名录制。市市容环卫局自登记之日起7日内发布公告,公布登记的产、销单位名录,接受全社会监督,维护合法经营,制裁违法行为。

3. 产、销单位标示制。产、销单位必须对自己生产、销售的一次性塑料饭盒负责,并在其产(商)品上标明本单位的名称、地址,接受各方监督。

4. 回收处置费缴纳制。产、销一次性塑料饭盒的单位登记后,应在每月15日前按照上月产、销量向登记机关缴纳回收处置费。缴费标准由市价格主管部门会同市市容环卫局制订。产、销单位可根据回收一次性塑料饭盒数量在产量、销量中的比例,向登记机关领取同比例的处置费返回款。

5. 强制回收制。生产、销售单位和餐饮业使用单位,市市容环卫局确定的定点回收单位以及专业处置单位,应当按规定各司其职,回收一次性塑料饭盒,严禁任意丢弃。

6. 财政审计制。财政、审计等有关行政管理部门依法加强对一次性塑料饭盒回收处置费用的使用情况监督。

7. 区域禁用制。由市建设和管理委员会按规定程序定期公告,决定禁止使用任何一次性塑料饭盒的区域及其具体空间地理范围。

8. 产销联单台账制。产、销单位在生产、营销活动中同步建立台账和产销联单制度，随时备查、核量。

白色塑料污染管理与监察的主管部门有市容环卫、市政道路、公路路政、园林绿化、河道水务、环境保护等行政执法主体。区城管监察大队依据上海市一次性塑料饭盒管理暂行办法，对一次性塑料饭盒导致的白色污染等违章行为的行政执法范围设定为：市容环卫（第7条）；园林绿化（第9条）；市政公路（第8条）；河道水务（第10条）；环境保护（第11条）。

上海市白色塑料污染行政处罚法律资源有：《上海市市容环境卫生管理条例》、《上海市城市道路桥梁管理条例》、《上海市公路管理条例》、《上海市河道管理条例》、《上海市环境保护条例》、《上海市城市管理相对集中行政处罚权暂行办法》、《上海市水域环境卫生管理规定》、《上海市一次性塑料饭盒管理暂行办法》等。

城市一次性塑料饭盒管理涉及众多行政部门。行政执法、管理机关依据不同法律资源，各司其职，各自把关，共同配合，齐抓共管，监督一次性塑料饭盒违法行为，消除白色污染，保护环境，维护市容，保护合法、有序的市场经营。

城市管理综合执法概论

11

第十一章 城市建（构）筑物
　　　　管理的综合执法

 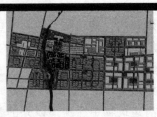  

第一节 城市建(构)筑物管理的执法主体与对象

一、城市建(构)筑物管理的执法主体

建(构)筑物监管执法的主管部门除了政府城市管理综合执法部门之外，还有市容环境卫生、市政工程管理、公路路政管理、水务河道管理、规划管理、园林绿化管理等部门。

建筑物、构筑物的城市管理综合执法任务十分艰巨，合法建筑物、构筑物遭受非法侵害，所有人、使用人、管理人、责任人不履行法定义务，破坏城市建筑物、构筑物管理的法律秩序，面广量大，几乎随时都会发生，而利益驱动引起的违法建造和搭建建筑物、构筑物的情况更是管不胜管。拆除违法建(构)筑物是各城市历年来最为关注，投放人力物力最大、反复性最大、涉及面最大、发生量最大的城市管理综合执法重点目标。由于历史的原因，历年存积的违法建筑续存期长的超过半个世纪并不少见，一夜之间拔地而起的新违法建筑随时可能出现。我国众多专业性执法部门法律资源中，很多地方都设定了对整顿治理违法建(构)筑物的行政执法职权，城管综合执法只是重新整合其中部分执法职权，并非全权替代，一家专管。综合执法职权的范围依各地情况设定。上海市的城管综合执法与其他相关主管执法部门的拆除违法建(构)筑物职权，存在交叉并存关系。

违法建(构)筑物的情况十分复杂，涉及很强的专业技术性和政策性，一般应由专业主管部门认定，但是地方法规、规章明确应由城管监察大队自行认定的除外。对市容环卫、市政公路、园林绿化、河道水务等方面涉及的违法建(构)筑物认定，地方法规、规章授权区城管监察大队查处的，区城管监察大队可以依法自行查证认定，也可以商请有关专业主管部门会同认定。一般情况下，无证建设或超越许可证范围的，均可以认定为违法建(构)筑物。

二、城市建(构)筑物管理的执法对象

城市建(构)筑物管理的执法对象为建筑物、构筑物，包括居住物业小区内的建(构)筑物及其相关设施。建筑物，是指人工建筑而成的物体，包括房屋和构筑物两大类。房屋是指能够遮风避雨并供人居住、工作、娱乐、储藏物品、纪念或者进行其他活动的空间场所，一般由基础、墙体、门窗、梁柱、屋顶等主要构件组成。构筑物，是指建筑物中除房屋以外的工程性建筑物，常见的如道路、桥梁、隧道、水坝、水塔、水井、烟囱等人工建造物。

建筑物、构筑物作为城市固化的客观存在物，需要加以全方位、全过程的管理，从而充分发挥其应有的功能效应。城市管理综合执法对建(构)筑物的综合执法，形式上是一种对物的管理，本质上是对人们赖以居住、使用的社会必需基本保障载体、活动场所及其构筑的法律秩序的一种行政服务。

第二节 城市建（构）筑物管理的违法认定与查处

一、建（构）筑物管理的违法认定与查处

建（构）筑物管理综合执法涉及各种权利人、所有人、使用人、管理人、得益人、责任人、受害人、侵权人等行为的规范。在城市管理综合执法中，通过对人在建筑物、构筑物上实施各类行为的监督管理，促使城市的人和物之间的法律关系及其秩序得到及时的和谐调整。

建（构）筑物的建设必须具备法定规范，依法取得建设用地和"一书两证"，即建设项目选址意见书、建设用地规划许可证和建设工程规划许可证。

（一）综合执法范围

建（构）筑物管理综合执法的任务主要是纠正违法建设、拆除妨碍公共安全和交通的违章建筑和影响市容的建筑物、构筑物。

违法建设，是指违反固有管理法律、法规而实施的建设行为，具体包括7类：

1. 未取得建设工程规划许可证进行建设的；
2. 未按照建设工程规划许可证核准的图纸及规定要求进行建设的；
3. 擅自改变建筑物使用性质且与城市规划用地性质不相容并对周围环境造成妨碍的；
4. 建设工程规划许可证逾期且又未核准延期进行建设的；
5. 临时建设和建设基地内的临时设施逾期未拆除的；
6. 建设基地内的建筑物、构筑物，按管理要求应当拆除而未拆除的；
7. 被撤销建设工程规划许可证后再进行建设的。

妨碍公共安全和交通的违章建筑，是指未经批准或超越许可范围、规范标准直接影响、妨碍社会公共安全和交通秩序的违法建筑物，常见有以下5种：在道路（包括人行道）上和街坊、里弄、新村通道内建筑的；利用建筑物之间的间隙或突出建筑物之外悬空建造的；建筑物、构筑物超过原建筑承重结构负荷的；在市政、公用设施（包括地下管线）上建筑的；其他已经妨碍或可能妨碍公共安全和交通的。

影响市容的建筑物、构筑物，是指对城市外部容貌、观瞻、整体形象产生负面影响的建筑物、构筑物。广义上包括建（构）筑物存在的合法性、合理性；外观造型、色彩；内在质量、功能；所处地理位置选择、高度、密度、间距控制；特定城市个性、园区风格、历史传统等诸多因素。

影响市容的建筑物、构筑物主要涉及10大类：

1. 道路规划红线内的；
2. 高压供电走廊控制范围内的；
3. 河道两侧控制范围内的；
4. 市政管线控制范围内的；
5. 规划绿线控制范围内的；
6. 轻轨、铁路（地铁）控制范围内的；

7. 车站、码头、广场控制范围内的；
8. 公共活动场地范围内的；
9. 居住区范围内的；
10. 其他范围内妨碍市容景观的。对于难以界定的违法建筑，由规划管理部门做出认定。

违法建筑分析总体界定后，又可按其对社会环境所处的空间形态调整的法律关系，进一步细化为5类。其中被列入必须予以拆除的妨碍公共安全、公共卫生、城市交通、市容景观的违法建筑，共有20种：

1. 位于现有的城市道路、公路和隔离绿带内的；
2. 位于城市道路和公路规划红线及其隔离带内的；
3. 位于现有铁路交通、隧道两侧安全保护区内的；
4. 位于电力线（架空电力线路和电力电缆线路）保护区内的；
5. 压占地下管线和位于管线安全保护范围内的；
6. 位于河道、海塘管理控制范围内的；
7. 影响环卫车、救护车、消防车通行的；
8. 阻塞消防、地下防空通道的；
9. 阻碍经市政府批准的重要无线电微波通道正常运行的；
10. 有碍于永久性测量标志的；
11. 有碍于国家安全和国防设施的；
12. 机场控制区范围内有碍于航空安全的；
13. 位于商业区和其他人流众多地段，影响交通的；
14. 位于广场、公共活动场地上及规划核定为社会公众提供开放空间区域内的；
15. 位于城市高架道路桥孔和桥梁引桥下的（为高架道路和桥梁配套的建筑除外）；
16. 位于城市公共绿地（含公园、街头绿地）、生产绿地、护绿地、专用绿地（含住宅区绿地、庭院绿地、单位绿地）等的；
17. 位于城市规划绿地内的；
18. 按照规划建成的地区和规划保留区居住街坊、里弄、花园住宅、公寓，擅自插建、扩建（含加层）各类建筑的；
19. 建设工程规划验收后，基地内的施工临时设施在2个月内未自行拆除的；
20. 其他妨碍公共安全、公共卫生、城市交通和市容景观的。

对于上述违法违章建（构）筑物，必须根据《上海市市容环境卫生管理条例》、《上海市城市道路桥梁管理条例》、《上海市城市规划条例》、《上海市城市管理相对集中行政处罚权暂行办法》等法律法规资源，严肃执法，坚决予以拆除。

（二）认定与查处

违法建（构）筑物查处，应当根据不同情况区别处理：

1. 对历史遗留问题处理。1981年7月17日之前建造的违章建筑，不在重要地区和路段，不属"八个影响"，即直接影响交通、消防、市政设施、房屋修缮施工、绿化、环保、市容观瞻和邻里居住条件，房屋结构在砖木三等以上的，行为人做出书面检查并具结保证在市政建设需要时无条件拆除，房屋产权一般予以确认；同时房屋所有人应按建筑管理规定分别向市、区（县）规划建筑管理部门申报，由市、区（县）规划建筑管理部门根据规定进行处理。1981年7月17日以后的违章建筑，原则上只登记不确认。

2. 新账不欠，老账逐年还。加快整治四类违法建筑，坚决拆除妨碍公共安全、公共卫生、城市交通、市容景观的违法建筑；对于其他违法建筑，仍按现有法律、法规、规章的规定逐步予以拆除，其中危棚简屋地区的违法建筑，将在旧区改造时与危棚简屋一并拆除。

3. 对正在施工的违法建筑，规划管理部门依据《上海市拆除违法建筑若干规定》的第9条分为两种方式查处：属于4大类重大违法建筑的，责令当事人立即停止施工，限期拆除。逾期拒不拆除的，可以立即强制拆除。对其他违法建筑，责令立即停止施工，并依法予以处理。

二、居住物业管理的违法认定与查处

居住物业建（构）筑物管理本质上从属于建筑物、构筑物管理大类。我们之所以单列阐述，是因为居住物业由于居住物业管理区域的特点，相对集中、封闭于社区组团中的小区。

（一）居住物业的概念

居住物业，是指住宅以及相关的公共设施。居住公共设施，是指物业管理区域内，由业主和使用人共同使用的道路、绿地、停车场库、照明路灯、排水管道、化粪池、垃圾箱（房）等设施。公共设施属物业区域内的业主所有。居住共用设备，是指一幢住宅内部，由整幢住宅的业主、使用人共同使用的供水管道、排水管道、落水管、照明灯具、电视天线、水箱、水泵、电梯、邮政信箱、避雷装置、消防器具等设备。

（二）居住物业管理的违法认定与查处

居住物业管理综合执法的客体对象主要是居住物业小区内的建（构）筑物及其相关设施。由于划分标准的参照物不同，居住小区在物业管理的角度已经由城市各专业部门分条管理转为整合统一管理，不仅涉及居住的住宅楼，而且涉及其共用部位、共用设备和公共设施，包括市政（道路、广场、空地、排水等）、公用（水、电、煤、照明）、环卫（垃圾箱房、化粪池）、园林（绿地、雕塑、建筑小品）、邮政（信箱）、电讯（电话、电缆、宽带网络）、公安（防火、防盗、治安设施）、房地（电梯、水泵、梯道、花园）等。上海市城管综合执法由于法定条件的局限，原则上不进入住宅楼宇内部，仅限于外部市容环境。

居住物业管理区域内违反建（构）筑物管理的行为实施人，通常是居住其间的单位、个人和外来入区过境流动人员。部分人的违法行为后果直接影响居住物业管理法律秩序，社会上乱搭建、乱堆物、乱招贴、乱占地、乱涂写、乱设摊等违法行为同样可能侵害住宅的建筑景观容貌。城市管理综合执法要依法加强对各类人员的居住物业行为规范监察管理，及时受理投诉举报，充分发挥业主委员会、业主代表大会的自治管理和物业管理企业的服务管理自律作用，共同搞好居住区的城市环境综合整治。

居住物业监察管理执法的主管部门，除了政府城管监察大队，还有市容环境卫生、城市规划管理、园林绿化管理、房屋土地管理等行政执法主体，依法对所管领域进行监管执法。

城管综合执法依据现有授权的范围主要是在公共绿化、道路或者其他场地。对居住小区内违法建筑的查处，《上海市城市管理相对集中行政处罚权暂行办法》作了专项特别授权。道路、街面、广场上的建（构）筑物和物业管理区域内的建（构）筑物，在城市管理综合执法具体执法监管时仍存在一定的差异，需要正确认识以下4个问题：

1. 区位特殊内外兼顾的双重性。居住区由若干小区、组团构成，组团又由大小不一的街坊组成。同幢建筑物其临街一面有直观开放的涉外性，其容貌景观直接制约相邻地段社区外环境的市容市貌。在城市市容、环境卫生、规划、园林、土地、市政、公路等众多法律法规中都做出相对严厉的行政管理规定，而对该建筑物临街朝向，由于小区内环境的其他建筑物监督管理标准相对宽松。一楼两治，内外兼顾的双重性增加了物业小区管理范围内建（构）筑物执法管理的难度。一视同仁，一概查处或者均不处罚，都是滥用职权或者违法不作为。

2. 行政管理与自治管理的双重性。居住物业管理区域的建（构）筑物管理除了政府的管理、监察执法外，更多情况下是还权于市民的自治管理。居住物业的主人是业主，其自治组织是业主委员会。在非所有权人居住的住宅区，自治组织载体是居民委员会。业主通过业主代表大会授权业主委员会按照规章管理物业，或者委托物业管理企业代管物业。《上海市住宅物业管理规定》对此做出了一系列法定规范。业主、业主委员会、物业管理企业因此成为权利主体。在一定条件下同样成为负有法律责任的义务主体。实行物业管理的居住区，由物业管理企业负责。未实行物业管理的居住区，由居民委员会负责。市容环境卫生责任人对责任区内违反市容环境卫生管理规定的行为，有权予以制止，有权要求市或区（县）市容环境卫生管理部门和市容环卫监察组织处理。物业管理区域内物业管理企业和未实行物业管理居住区的居委会对小区内建（构）筑物乱搭建、乱招贴、乱涂写、乱刻画、乱吊挂、乱堆放等违法行为不制止、拒不改正的，将成为城管综合执法查处的直接对象。因此，行政管理法治与群众组织自治双管并举是居住物业监察管理的一大特色。

3. 行为交叉难以割断的双重性。居住物业违法建（构）筑物建造的区位常常具有整体不可分割性，例如破墙开店既有改变居住用房使用性质，破坏房屋内在建筑结构，又有向外拓展搭建违法建筑、内外违法建（构）筑物连成一体的双重性。又如同一处违法建筑物，既有历史遗留的老违法建筑，又有新扩张违法建成的新违章建筑，交叉重合，查证其行为起始年代往往十分困难。尤其是对规划红线划定前后为据的执法，举证更困难。再如天井违法搭建超出围墙上限加设顶盖、平台，是否应由城管综合执法队伍列入影响市容观瞻予以执法；具体执法时，究竟是只拆超出围墙高度，外观可视部分为限，还是连围墙内天井的下部违法建筑一并拆除，实践上至今仍在争议。

4. 违法必究与安定保稳的双重性。行政执法理论上应当坚持"有法可依、有法必依、执法必严、违法必究"的法治原则，不论实施违法行为人是单位、组织、法人或者自然人，只要发现查获违法建设行为，即应依法坚决拆除，恢复原状，消除影响，维护法律秩序正常。但居住物业中的违法建筑大量的是公民个人行为，涉及千家万户，面广量大，历史久远，取证艰难。政府机构变动频繁，行政管理档案失散，行政行为合法性、完整性滞后，早年随意性较大，城市居住物业管理基础资料薄弱，给依法执法带来不少障碍和困难。此外，住房制度改革，房价上涨，部分经济困难弱势群体无力购房，无法解决居住困难；动拆迁政策变更，行政审批改革，大量进城务工人员的居住房量少质差，难以保障；城市产业结构加快调整，下岗失业人员增多，开店、摆摊经营用房紧缺等等因素导致居住物业管理区域违法建筑屡禁不止，欲拆也难。老账未清，新的违法建筑又死灰复燃，甚至拆不胜拆。在危棚简屋临时居住区，几乎家家都有违法建筑。限于人力物力等条件制约，难以严格依法执法一步到位，群起抗法的情况时有发生。因拆除居住区违法建筑引发集体上访、群体矛盾激化、影响社区安定等一系列连锁的反响，促使我们必须面对现实，适度调控违法必究与安定保稳的双重性，有理、有利、有节、有序、有效、合法地推进居住物业拆违执法工作，不能草率从事。对危棚简屋地区的违法建筑，原则上不作单户拆除，留待旧区改造时与危棚简屋一并全部拆除。对正在建设或者新产生的违法建筑，则坚决从严查处。

城市管理综合执法概论

12

第十二章 城市基础设施管理的综合执法

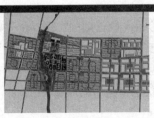

第一节　城市基础设施管理执法的主体与对象

一、城市基础设施管理执法的主体

城市基础设施管理执法的主体主要是城市管理综合执法部门会同市容环卫、市政管理、公路路政、园林绿化、规划管理、房屋管理等相关领域的主管部门，依据行政处罚的有关法律资源，进行城市管理综合执法。

上海市城市基础设施管理综合执法的法律资源有：《上海市市容环境卫生条例》、《上海市城市道路桥梁管理条例》、《上海市公路管理条例》、《上海市绿化条例》、《上海市城市规划条例》、《上海市住宅物业管理规定》、《上海市城市管理相对集中行政处罚权暂行办法》、《上海市城镇环境卫生设施设置规定》、《上海市集镇和村庄环境卫生管理暂行规定》、《上海市水域环境卫生管理规定》、《上海市机动车清洗保洁管理暂行规定》、《上海市建筑垃圾和工程渣土处置管理规定》等。

二、城市基础设施管理执法的对象

城市基础设施管理执法的对象为城市的基础设施。基础设施，起源于拉丁文，原来的词义是"建筑物、构筑物的底部结构、下部结构"。城市基础设施，是指既为物质生产又为人民生活提供一般条件的公共设施，既是城市赖以生存和发展的基础，又是国民基础设施在城市的具体化和系统化。主要涉及直接或间接发展生产力和提高生产效率的那些设施，包括为社会经济正常运行所必需，由社会投资所形成的各种软件和硬件。城市基础设施是维系、支持、保障城市不断繁荣和发展的基本条件。

城市基础设施包括城市道路、公共交通、供水、排水、燃气、电力、园林、环卫、污水处理、垃圾处理、防洪、地下公共设施及附属设施，还有测量标志、渡口设施、民防设施、管线设施、防雷设施、消防设施、石油天然气管道设施、边防设施、作战工程、社会公共安全技术防范设施、广播电视设施、电信设施、气象设施、居民住宅安全防范设施、国防交通工程设施、原水引水管渠设施、公共建筑服务设施等等。

城市基础设施是维系整个城市机体正常运作最基础的、赖以生存的基本保障。基础设施种类繁多，各成体系，共同支撑着城市的发展，一旦受到非法侵害，其所危及的远非基础设施本身，而是整个城市的安危。因此，城市管理综合执法依法维护城市基础设施，本质是守住城市生命的保障底线。

第二节　城市基础设施管理的违法认定与查处

一、城市基础设施管理的违法认定

城市基础设施就单独个体而言，通常是其他主建筑、主项目、主工程的附属物，具有较强的依附属性。但就城市基础设施的认知角度分析，各种形态、功能、数量不一的基础设施实际上已经成为一个特殊的专属体系，它维系着整个城市各种主建筑、主项目、主工程乃至社会生活各领域的正常秩序运转。谁破坏了城市基础设施管理的法律秩序，谁就会受到直接或间接的制约、报复或者惩罚，最终危害违法行为人自身。城市管理综合执法的责任，是以法的强制力为后盾，以德治感召为契机，积极宣传法制，严格依法执法，维护城市基础设施管理秩序，以小见大，保住基础，为整个城市管理有序进行，奠定稳固的物质保障根基。

城市基础设施管理的违法认定集中体现在以下4个关键环节：

1. 实有。即实实在在的已经将规划、设计变为现实可感的实物。依法附有特定条件的基础设施必须与主体建筑同时设计、施工、建成，如城市环保设施、环卫设施，不允许迟建、缓建、不建。城市管理综合执法监督检查的是现场有无按规定必须建造、设置的城市基础设施。

2. 齐全。城市基础设施种类繁多，功能各异，相辅相成，自成体系，只有按法定标准规范建设、配置齐全才能实现最终目的。如果残缺不全，将直接影响已建设施应有功能的发挥，甚至危害整个城市基础设施系统的正常运转。城市基础设施监察在已经建有的基础上必须深层次监督是否符合法定规范，也即单体质量达标，总体数量足够，配套齐全，缺一不可。

3. 使用。城市基础设施配置、建造的目的在于投入实质性使用，其中环保设施、环卫设施等特别规定的城市基础设施，必须与主体项目、工程、建筑同时设计、同时施工、同时使用。由于利益驱动的原因，有些基础设施建成后并没有投入社会予以实质性使用，而是擅自封闭、停用、占用、移作他用或者根本没有启用，不仅违背了立法建造的宗旨目的，而且造成社会宝贵资源的不必要闲置与浪费，同时影响城市社会秩序的正常运行。因此，城市管理综合执法对城市基础设施是否依法使用进行全方位的监督，实在很有必要。

4. 完好。城市基础设施都有其"生命"周期，有使用就必然会发生磨损,严格、及时的维修养护是每部法规都不会疏漏的关键性命题。超负荷的破坏性使用，人为故意的非正常损毁，用而不管，损而不修，通常要承担法律责任。城市管理综合执法的任务是督促基础设施的产权所有人、设置人、使用人、管理人等各种负有法定维修保养责任人，包括单位、组织和个人，共同依法落实有效措施，确保城市基础设施完好、有效，更好地为城市的经济建设和社会生活服务。

二、城市基础设施管理的违法认定与查处中需注意的问题

城市基础设施种类繁多，涉及几十个行政执法、管理部门，是行政执法监管的重点，几乎所有城市政府都把它列入城市建设管理、城管综合执法的基本范围。上海市城市管理综合执法涉及市容环卫、市政、公路、园林、环保、水务、规划、房屋以及工商、公安等领域。其中除环保、水务授权部分暂不涉及城市基础设施外，其余均对各法所调整的特定基础设施设定专门法条和法律责任。区城市管理综合执法面对种类繁多领域中的各类城市基础设施，能够依法行使行政处罚的职权目前是相对有限的。即使如此，我们仍要保持高度清醒

的头脑，正确认识并妥善处理好必然会遇到的三个问题：

（一）基础设施属性的可转换性

城市基础设施的属性定位不像其他定义具有相对稳定性，而是依据不同的法律关系发生归类变化，具有独特的可转换性。因此，我们应当实事求是，客观定性归类，避害趋利，用足综合执法资源丰富的优势，严格执法，维护城市基础设施，服务、服从于城市经济建设和社会发展需求，更好地实现立法、执法的目的和宗旨。

（二）基础设施标准的法定性

城市基础设施规划、建设、设置、使用、养护、管理具有很强的技术性和规范性，为此确定的标准往往在同类系统中具有统一性。通过特定程序，经政府或政府质量技术行政专业主管部门批准实施标准，同样具有法定性和强制性，是贯彻国家标准化法制的极为重要的组成部分。城市基础设施的标准系列分为国际标准、国家标准、地方标准以及企业标准4大类。我国对基础设施管理通过专业立法和专业标准双向并进予以保护。现代社会已经步入高科技飞速发展的知识经济时代，各种技术标准适用周期不断变更，淘汰、更新产生的推陈出新格局，提升城市基础设施的功能和效率。城市管理综合执法要密切注意城市基础设施标准规范的动态变化，正确把握有效适用期限、溯及力等时效性和适用性，不能轻易用今天的标准去处理历史的积留问题。注意法定规范、标准执行的相对稳定性和延续性；注意设施改造的艰巨性和整改时间限定的合理性；注意整改复查验收合格的技术标准法定性和现行有效性；注意定性量罚的科学性和自由裁量执行的可行性。

（三）基础设施责任主体的复杂性

城市基础设施责任主体并不局限于产权所有人。为了确保基础设施的优质、安全、整洁、有效、合理科学配置与使用，通过各种层面的立法和技术标准确定了各种不同的责任主体，共同分担法定义务和法律后果。基础设施的规划、设计、建造、设置、使用、养护、管理、监督、执法等环节中，任何一个环节发生违法违规行为都要受到法定责任追究，在特定情况下，时常会出现多个责任主体重合为同一行为人，或者同一违法行为可以处罚不同的责任主体、行为人。例如道路附属设施窨井盖被盗，查获盗窃者时，被处罚的对象是盗窃行为实施人；查不到盗窃人，养护单位未及时巡查、补全的，处罚养护单位；养护单位及时举报，城管执法部门不予处理的，就要依法追究执法人员的失职责任。

城市基础设施的责任主体复杂性同时反映在产权所有方面，并非所有的基础设施都是国有产权。有些设施的属性是公共的，本质是共用的，但产权可能是私有的，或者是私人和集体共有的。例如居住小区住宅公共设施中的道路、绿地、门卫室、消防设施、路灯、公益性文体设施等基础设施，其产权往往在开发建设时属于房地产开发商，出售后转移为小区业主共同所有，但如果设施配套不全，则违法责任人仍是房地产开发商。城市管理综合执法具体适用法律、追究责任主体时，一定要确认无误。

城市管理综合执法概论

13 第十三章　城市园林绿化管理的综合执法

第一节 城市园林绿化管理执法的主体与对象

一、城市园林绿化管理执法的主体

城市园林绿化管理执法的主体是绿化行政管理部门和林业行政管理部门。上海市是市农委、区（县）林业行政管理部门两级法定行政机关，主要负责绿化管理局以外地区的林木、林地的行政管理工作。乡、镇林业站不具有独立行政执法主体资格。此外，有关行政管理部门依据各自的法定职责，参与依法治绿，主要涉及市容环卫管理、房屋行政管理、市政管理、公路路政等部门。

上海城市园林绿化管理综合执法的法律资源主要有：《上海市绿化条例》、《上海市市容环境卫生管理条例》、《上海市城市道路桥梁管理条例》、《上海市住宅物业管理规定》、《上海市公路管理条例》、《上海市城市规划条例》、《上海市城市管理相对集中行政处罚权暂行办法》、《上海市禁止乱张贴乱涂写乱刻画暂行规定》、《上海市闲置土地临时绿化管理暂行办法》等。

区城管监察大队综合执法范围的认定，依据《上海市城市管理相对集中行政处罚权暂行办法》，对园林绿化违法行为的行政执法范围设定为：市容环卫（第7条）；园林绿化（第9条）；市政公路（第8条）；房地物业（第15条）。

二、城市园林绿化管理执法的对象

城市园林绿化管理执法的客观对象是城市中的各种公共绿地、生产防护绿地、专用绿地、居住区绿地、单位附属绿地、防护绿（林）地、生产绿地和其他绿地，以及各种树木和森林等等。

公共绿地，是指向公众开放、有一定游园设施或装饰作用的绿化用地，包括各类公园和街头绿地、植物园、动物园、陵园以及风景游览区、自然保护区、道路、广场等处的绿地。

生产防护绿地，是指用于园林生产、隔离、卫生和安全防护等的绿化用地。

专用绿地，是指主要为某一单位设置服务的绿地，或者虽然常年开放，但仅限于为某一特定群体、局部区域专门设置服务的绿地，一般分为居住区绿地和单位附属绿地两类。

居住区绿地，是指住宅区、小区、组团及新村、街坊等居住区域内设置的绿地。按照《上海市城市规划管理技术规定（土地使用、建筑管理）》第54条规定，居住小区内每块集中绿地的面积应不小于400平方米，且至少有三分之一的绿地面积在规定的建筑间距范围之外。沿城市道路两侧的公共绿地或绿化隔离带，不在建筑基地范围内的，不得作为小区集中绿地计算。集中绿地面积在居住用地中，应不少于用地总面积的10%。

单位附属绿地，是指机关、团体、学校、部队、企事业单位管理、使用界域内设置的环境绿地。

防护绿（林）地，指用于防护、卫生、安全等目的的城市隔离性绿化、林木地带和乡村中的各类林地，如海塘、河堤防风林，城乡之间、工业区与居住区之间的隔离绿带等。

生产绿地，指用于生产各种绿化材料的用地，如苗圃、花圃、草圃、林场，其中包括园林及林业的科研用地。

树木，是各种乔本植物的统称。古树名木，是指树龄在百年以上、树种珍贵、国内外稀有的树木，或者树形奇特以及具有历史价值和纪念意义的树木。

森林，通常指大片生长的树木。林业上指在相当广阔的土地上生长的很多树木，连同在这块土地上的动物以及其他植物所构成的整体。森林有保持水土、调节气候、防止水、旱、风、沙等灾害的作用。森林包括乔木林和竹林，分为防护林、用材林、经济林、薪炭林和特种用途林五种。

林地，指生长着大片树木或竹子的土地，包括郁闭度0.2以上的乔木林地以及竹林地、灌木林地、疏林地、采伐迹地、火烧迹地、未成林造林地、苗圃地和县级以上人民政府规划的宜林地。

第二节　城市园林绿化管理的违法认定与查处

由于经济利益驱动，在城市开发建设、改造进程中，原有的绿化遭到非法侵占、破坏、损毁，依法应当实施的绿化规划擅自改变、取消、削减或者拖延拒绝建设，已建成的绿化任意放弃法定养护责任，放任不管，惨遭荒废。由此引发各类违法行为，严重影响了城市绿化规划、设计、建设、养护、保护、发展、管理的正常法律秩序，直接或间接制约了城市经济、人类社会可持续发展。依法治绿，严格执法，坚决纠正、查处一切违反绿化法制的破坏行为，是城市管理综合执法过程中一项长期而又十分艰巨的任务。

一、城市园林绿化的建设和养护责任

加强植树造林绿化，是实施可持续发展战略的重要组成部分。机关、团体、学校、部队以及企事业单位和个人都有植树造林绿化的义务。凡年满11周岁至男60周岁、女55周岁的个人（丧失劳动能力者除外），均应每年每人植树3棵，或者完成相应劳动量的育苗、养护和其他绿化任务。个人的义务实施由所在单位组织落实。

居住区绿化由建设单位负责建设，物业管理企业负责养护，经费由房屋产权所有人承担。房屋产权权属交叉的，由区（县）人民政府指定有关部门负责养护。

铁路、公路、海塘、江堤，县级以上河道沿线和水闸管理区绿化，由所辖范围的主管部门按市统一规划要求建设、养护。专用绿地属于机关、团体、学校以及其他企事业单位的，均由其负责建设、养护。

公共绿地由绿化管理部门负责建设或组织建设，建设单位为养护或落实养护的责任单位。经济技术开发区内公共绿地，由开发区的建设或管理单位负责建设，并会同所在地区、县人民政府落实养护责任单位。符合招投标条件的

公共绿地，通过依法招投标确定责任人。

门前绿化责任制，是指依法应当承担义务植树责任的机关、团体、学校以及其他企事业单位，在本单位范围内没有按照规定完成区、县绿化委员会安排的义务植树任务时，应当对所在地门前绿化的养护管理承担社会责任，拒不履行的，将依法缴纳义务植树绿化费。

城市绿化是维护和改善生态环境的一项重大战略措施，是城市社会、政治、经济的综合素质反映，也是社会文明发展和人类进步的理智表现。绿（林）地、绿化是城市生态中可持续发展积极、有效的手段，也是文明社会发展的必然趋势。建立健全绿化管理的法律制度、法制秩序，保护原始绿（林）地，植树造林，扩大绿化覆盖率成为城市政府的重要目标之一。城市管理综合执法要依据有关法律法规，严肃执法，切实保护城市生命中"绿肺"，改善城市生态环境和人类生存环境。

二、城市园林绿化管理的违法认定与查处

城市园林绿化的综合执法涉及的专业技术性相当强，城市管理综合执法只对其中部分行政处罚职权重新整合予以相对集中。《上海市绿化条例》在8个法条中设定25项违法行为的行政执法处罚，上海市建设和管理委员会在城管综合执法试点期间首批实施的绿化行政执法处罚，只涉及其中3个法条的7项违法行为，其余违法行为的查处权仍属市、区两级绿化、林业行政执法主体。

在违法行为的认定及查处中，要高度重视例外情况：

1. 擅自迁移树（林）木，必须把握依法规定要办许可证的例外情况。《上海市绿化条例》第21条规定："除下列情况外，迁移树（林）木或者变更绿（林）地的，应当办理审批手续，领取许可证：①农村居民在房前屋后和自留地上种植的以及城镇居民在住宅的庭院内自费种植的零星树（林）木；②苗木生产单位进行生产性移栽、出圃等作业。"随着城市化进程的加快，不少地方县改区、乡改镇、镇改街道办事处、村委会改为居委会，但原先的农民变为居民后，其原栽树（林）木的性质未变。在大量的开发区、旧区改造基地上，经常会看到农村居民搬迁后遗留下的零星树（林）木，如果林产权属个人，农村居民主张迁移到他处，依据我国现有的法规、规章，无须办理许可证，不能认定为擅自迁移树（林）木。

2. 擅自在公共绿地内设置商业、服务业摊点。公共绿地是个大概念，包括公园、植物园、动物园、陵园。城管综合执法不包括公园，对其他园内原则上暂不进入。此外，依据上海市人民政府《关于公布第一批取消和不再审批的行政审批事项的通知》，明确自2000年10月25日起，上海市绿化管理局不再对游乐园的商业服务网点设置进行行政审批，由此设定的行政处罚不再执行。因此，城管监察大队在处理该方面情况时，不能再认定在公园、游乐园内未经园林绿化行政许可设立的商业、服务业摊点是违法行为。

城市管理综合执法概论

第十四章 城市废弃物管理的综合执法

 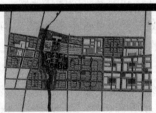  

第一节 城市废弃物管理执法的主体与对象

一、城市废弃物管理执法的主体

城市废弃物管理执法的主体有市容环卫、市政管理、公路路政、水务河道、环境保护、园林绿化等，在所管辖范围内依据有关法律法规进行执法。

上海城市废弃物管理综合执法的法律资源有：《上海市市容环境卫生管理条例》、《上海市城市道路桥梁管理条例》、《上海市绿化条例》、《上海市河道管理条例》、《上海市公路管理条例》、《上海市环境保护条例》、《上海市城市管理相对集中行政处罚权暂行办法》、《上海市集镇和村庄环境卫生管理暂行规定》、《上海市机动车清洗保洁管理暂行规定》、《上海市建筑垃圾和工程渣土处置管理规定》、《上海市水域环境卫生管理规定》、《上海市一次性塑料饭盒管理暂行办法》、《上海市临时占用城市道路管理办法》等。

城市废弃物、液违法行为情况复杂，涉及较多的专业技术规范或标准，有权管理、执法查处的部门众多，处罚的种类、幅度各不相同，差异悬殊。城管监察大队依据《上海市城市管理相对集中行政处罚权暂行办法》，对城市废弃物液申报、收集、运输、清除、贮存、消纳、处置、利用等活动各环节中发生的各类违法行为的行政执法范围设定为：市容环卫（第7条）；园林绿化（第9条）；市政公路（第8条）；河道水务（第10条）；环境保护（第11条）。

二、城市废弃物管理执法的对象

城市废弃物管理执法的对象是在生产建设、日常生活和其他活动中产生的污染环境的固态、半固态废弃物质。

废弃物种类十分繁杂，主要包括城市生活垃圾、工业固体废物、建筑垃圾、危险废物、有害垃圾等等。

城市生活垃圾，是指在城市日常生活中或者为城市日常生活提供服务的活动中产生的固体废物及法律、行政法规规定视为城市生活垃圾的固体废物。

工业固体废物，是指在工业、交通等生产活动中产生的固体废物。

建筑垃圾、工程渣土，是指施工单位或者个人对各类建筑物、构筑物、管网等进行建设、铺设或者修缮过程中产生的余泥、余渣及其他废弃物。

危险废物，是指列入国家危险废物名录或者根据国家规定的危险废物鉴别标准和鉴别方法认定的具有危险特性的废物，也指根据国家统一的方法鉴别认定的具有毒性、易燃性、爆炸性、腐蚀性、化学反应性、传染性之一性质的，对人体健康和环境能造成危害的固态、半固态和液态废物。

有害垃圾，是指废弃的电池、荧光灯管、水银温度计、过期药品、废油漆及其容器、医疗垃圾、放射性垃圾、传染病人垃圾、动物尸体等有害环境和人类、动植物的各类危害性垃圾。

有毒污染物，是指那些直接或者间接为生物摄入体内后，导致该生物或者其后代发病、行为反常、遗传变异、生理机能失常、机体变形或者死亡的污染物。

医疗垃圾,是指城市中各类医疗诊治机构、卫生防疫、病员休养、兽病防治、医疗研究及生物制品等单位产生含有大量病菌、病毒、细菌以及化学药剂成份的废弃物、液,包括医院垃圾、医药垃圾、感光化学垃圾等。

城市废弃物、液是城市生存发展的必然产物,其种类随着城市现代化科技含量的提高日益增多。其数量随着城市化进程加快、人口自然增长而迅猛增加,并以每年1%至5%的速度递增。其处置随着种类、数量增多,经费压力大,环境容量日趋饱和而明显下降。垃圾围城闹灾,已经成为世界公害,并且从城镇蔓延到乡村,从陆地扩展至海域。目前,废弃物、液的污染,对城市、对人类、对地球已经构成严重威胁。

第二节　城市废弃物管理的违法认定与查处

城管综合执法最艰巨的任务、重中之重的目标之一就是严密监管城市废弃物、液。从产生源头到收集、运输、堆放、倾倒、贮存、处置(填埋、焚烧、生化分解、再生利用)、消纳等全过程进行全天候、全方位的全面跟踪监察,制止、防治、减轻、延缓、杜绝废弃物、液污染环境,妨碍市容观瞻,侵害人体健康,阻碍城市可持续发展的违法行为发生或者后果扩散。城市废弃物、液的减量化、资源化、无害化、规范化、法制化、执法监管,已经成为世界各国共识。几乎所有国家和地区都对废弃物、液的监管制定了众多严厉的法律,投入了相当可观的人力物力。这是因为整治乱倒垃圾、粪便等废弃物、液污染环境的代价,远比贪图方便获取的局部利益大得多。有些后果则是殃及子孙,甚至难以补救的。例如一粒废弃纽扣电池可以污染60万升水,相当于一个人一生用水总量,消除其危害则要付出几万元的代价或者400年时间。废弃塑料的自然分解过程最快也要200年。为了强化城市废弃物液的监管,城市管理综合执法人员必须熟悉各执法领域中的法制管理规范准则,了解废弃物液的基本种类,常见污染源头和违法形式及其危害后果,掌握规律性,管住各环节,才能事半功倍,管好城市废弃物液。

城市废弃物管理涉及环境保护、市容环境卫生、交通运输、居住物业、食品卫生、防疫检疫、水土保护、园林绿化、能源、商贸等众多法律制度,以及为此采取的一系列专管措施和配套制度。城市管理综合执法是跨系统整合多领域行政执法法律资源的产物,需要熟悉并善于运用现有的法定制度,综合监管城市废弃物、液,敢于采取最严厉最适当的法律手段及时、迅速、有效地查处和纠正违法行为,坚决维护城市废弃物、液管理的法律秩序的严肃性和权威性。

一、源头管理的申报制

城市废弃物、液管理最基本的制度是产生源头及时申报制。目前已经广泛实施的是环境保护管理中的排污申报、危险废物申报、固体废弃物申报、建筑项目环境保护申报以及排污许可证制度；市容环境卫生管理中的生活垃圾处置申报、建筑垃圾和工程渣土处置申报、船舶扫舱垃圾处置申报、单位（含船舶）废弃物（含粪便、污水）申报、机动车清洗企业申报、渣土回填申报、建筑垃圾、工程渣土临时储运场地占路设置申报、环卫设施设置申报、本市生产一次性塑料饭盒单位申报登记；交通运输中的港监航运船舶排污申报、船舶垃圾记录簿以及房屋管理中的居住物业住宅装修申报等制度，均要求产生废弃物源的行为人（单位或个人）应当事先如实向行政主管机关报告废弃物液的种类、名称、数量、质量；产生的时间、地点、次数；收集、清除、运输、贮放、消纳、处置利用方式、去向、责任人及承接单位全称，所采取的防范、保洁、防污措施以及危害消除的责任承诺。国家采取源头申报的强制性管理制度是为了强化废弃物液法治的社会责任意识，从一开始即将其纳入严密的全程监管目标，反复、经常、随机加大现场巡查监察的力度与频率度，及时发现、纠正、制止污染的发生和扩展，把废弃物、液对环境、对城市、对人类的危害控制在最小范围、最低程度。

二、依法管理的分类制

城市废弃物、液属性不一，决定收集、清除、运输、贮存、消纳、处置、利用的方式和效果也不一样。现代科学明智地选择了法定分类制替代传统、落后的混类制。废弃物、液的分类按照不同的划分标准进行不同的组合归类。按其表现形态，分为固体物和液态物；按其产生源头，分为生活、生产、经营、商贸、科研、医疗、厨房垃圾；按其空间状态，分为大件垃圾和常规垃圾；按其危害程度，分为有毒有害、危险废物和一般性废物；按其构成成分，分为有机垃圾和无机垃圾；按其可燃程度，分为可燃性废物和不燃性废物；按其利用价值，分为再生资源物和不可再生资源物。

上海市的生活垃圾日产量已超万吨，建筑垃圾则高达10万余吨，混类处置两败俱伤。混有生活垃圾的建筑垃圾回填利用，将会引起基础超标沉降，毒害周边地下水源和土壤；混有渣石的生活垃圾堆肥回地，将会引起地质沙化、水土流失，危害农业生态，如果焚烧处理，将会浪费能源，损坏炉体。因此，城市废弃物必须坚决移风易俗，采用科学的分类制加以管理，才能变废为宝，让放错位置的可再生、可利用资源重归循环经济流程。城市废弃物分类收集、处置、利用是垃圾资源化利用的前提和基础，是人类环保生态循环经济革命的契机和动力，也是改变城市单位和个人环境习惯的革命和创新。所有这些，将为城市经济繁荣、社会文明和可持续发展提供有力的保障。

上海市的垃圾分类采用色别标志警示，红色容纳有害垃圾，其中的废旧电池也可另设专门容器回收；黄色表示属于玻璃及玻璃制品，可供专业制造回收再利用；绿色容器盛放除有害垃圾、玻璃垃圾以外的其他可燃垃圾。除此，对单位产生的餐饮厨房垃圾另设专门容器，统一运输处置；建筑、装修工程垃圾和渣土垃圾设立临时或固定储运场地，集中收集、堆放、处置；生活垃圾中的塑料、金属、纸品、橡胶等可供回收利用的废物,可以交回收利用站点处理;超规定体积、重量、长度的大件垃圾也实行定时定点收集,不得混类倾倒、堆放、处置。

三、动态管理的清除制

城市废弃物、液产生后应尽快处理,不能任意积压,再次污染环境,影响市容观瞻。按照环境保护、环境卫生有关法制规范,城市废弃物、液的排污必须符合法定规范,工业性、生产经营类、医疗、科研等产业类排放污物污水应当经过初级处理,启用环保防污处理设施;城市居民生活垃圾应当每24小时清除一次,混有生活垃圾的建筑渣土垃圾也应当按24小时清除一次的规定执行。城市园林绿化作业垃圾产生后24小时内必须清除完毕;道路、广场、公共场所、港口码头、车站、机场、街巷里弄、新村小区等市容应当每天清扫保洁,粪便应定时清除,确保不积压满溢;建筑垃圾堆放在道路空地上的,应当及时遮挡、清除,工程竣工后应及时清除各类废弃物、液;举办节庆、文化、体育等活动,应及时清除产生的废弃物;船舶垃圾清除必须持有《接收作业许可证》,出具《接收证明》。

除此之外,清除城市废弃物、液必须达到法定的保洁质量标准要求,在上海这个特大国际都市中,其标准应当执行严于国家标准的规范。不按规定的时效和质量标准清除城市废弃物液,构成违法。属于城市管理综合执法职权范围的,一定要积极依法执法,并且重在效果。当事人拒不整改,依法可以采取代为改正强制措施的,一定要果断及时清除污染后果,有关费用责令违法行为人依法承担。

参考文献

[1] 刘莘主编.法治政府与行政决策、行政立法[M].北京：北京大学出版社，2006年版.

[2] 杨海坤、章志远著.中国特色政府法治论研究[M].北京：法律出版社，2008年版.

[3] 谢晖.法律信仰的理念与基础[M].济南：山东人民出版社，1997年版.

[4] （法）孟德斯鸠.论法的精神（上册）[M].张雁深译，北京：商务印书馆，1961年版.

[5] 许增裕著.中国法治的源与基探索[M].北京：中国社会科学出版社，2008年版.

[6] 石佑启、杨治坤、黄新波著.论行政体制改革与行政法治[M].北京：北京大学出版社，2009年版.

[7] 马怀德.行政程序立法研究[M].北京：法律出版社，2005年版.

[8] 张志铭.世界城市的法治化治理——以纽约市和东京市为参照系[M].上海：上海人民出版社，2005年版.

[9] 姜明安.行政执法研究[M].北京：北京大学出版社，2004年版.

[10] 关保英.执法与处罚的行政权重构[M].北京：法律出版社，2004年版.

[11] 本刊编写组.相对集中行政处罚权工作读本[M].北京：中国法制出版社，2003年版.

[12] 王毅主编.中国城市建设管理及城建行政执法全书[M].延边：延边大学出版社，2001年版.

[13] 王才亮.中国城市建设与管理法律实务[M].北京：法律出版社，2003年版.

[14] 郑传坤.创新城市管理行政执法的探索与实践[M].北京：中国法制出版社，2004年1月版.

[15] 秦甫.城市管理行政执法手册[M].北京：中国建筑工业出版社，2004年版.

[16] 刘兴桂、彭娟.城市管理法治问题研究[M].北京：法律出版社，2004年版.

[17] 杨戍.中国城市管理研究：以杭州市为例[M].北京：经济管理出版社，2005年版.

[18] 尹艳华.现代城市政府与城市管理[M].北京：上海大学出版社，2003年版.

[19] 秦甫.现代城市管理[M].临沂：华东大学出版社，2004年版.

[20] 诸大建.管理城市发展：探讨可持续发展的城市管理模式[M].上海：同济大学出版社，2004年版.

[21] 曼纳·彼得·范戴克著.姚永玲译.新兴经济中的城市管理[M].北京：中国人民大学出版社，2006年版.

[22] 姜明安主编.行政诉讼与行政执法的法律适用[M].北京：人民法院出版社1995年版.

[23] 全国人大常委会法制工作委员会国家法、行政法室编著.中华人民共和国行政处罚法释义[M].北京：法律出版社，1996年版.

[24] 杨惠基.行政执法概论[M].上海：上海大学出版社，1998年版.

[25] 沈福俊.综合行政执法若干问题探讨[M].载华东政法学院法律系编：跨世纪法学问题探研，上海：上海社会科学院出版社，1999年版.

[26] 蔡震荣.论比例原则与基本人权之保障[A].转引自余凌云.警察行政权力的规范与救济[M].北京：中国人民公安大学出版社，2002年版.

[27] 冷熙亮．国外城市管理体制的发展趋势及其启示 [J]．城市问题，2001，(1)．

[28] 马怀德、王柱国．城管执法的问题与挑战——北京市城市管理综合行政执法调研报告[J]．河南省政法管理干部学院学报，2007，(6)．

[29] 陈海萍．城市管理综合执法手段的合理性原则考察 [J]．行政与法，2005，(3)．

[30] 裴蓁．城市管理相对集中行政权的法制思考 [J]．上海城市管理职业技术学院学报，2005，(1)．

[31] 王晓宏．对相对集中行政处罚权的思考 [J]．行政与法，2009，(5)．

[32] 何文龙、郭帆、张博麟．基于外部性理论的流动摊贩管理问题再探究——以北京市海淀区为例 [J]．长三角，2008，(5)．

[33] 麦育亥．城管综合执法体制下的法律救济问题探析[J]．法制与社会，2008，(7)．

[34] 杜敏、李昌文．相对集中行政处罚权的模式比较及适应性探析 [J]．经济研究导刊，2008，(14)．

[35] 杨礼仲、卢奕．道路通向和谐——我国管理流商的现实困境与对应措施 [J]．科技信息，2008，(21)．

[36] 应松年、王静．稳健发展的中国行政法学——2007年行政法学研究综述[J]．中国法学，2008，(02)．

[37] 吴新叶．试论城管执法中的自由裁量权 [J]．城市管理，2003，(12)．

[38] 陈海萍．城市管理综合执法手段的合理性原则考察 [J]．行政与法，2005，(3)．

[39] 孟庆英．城管行政综合执法制度的若干思考 [J]．理论探索，2006，(2)．

[40] 柯友朝．城市管理过程中和谐关系的构建 [J]．党政干部论坛，2007，(1)．

[41] 陈斯彬、马珣．我国城管执法中存在的问题分析——崔英杰案反映出的行政法问题 [J]．甘肃联合大学学报（社会科学版），2008，(1)．

[42] 车克欣．贯彻落实党的十七大精神开创城管执法事业新局面 [J]．城市管理与科技，2008，(1)．

[43] 刘振云、崔山．相对集中行政处罚权制度对城市规划管理的影响 [J]．山东社会科学，2005，(05)．

后 记

作为理论研究、高职教学、专业培训、实证探索的心得积累与前瞻拾掇,本教材内容一以贯之的是对法理的尊重、法律的敬畏、法度的严守,是对维护社会稳定、经济繁荣,并实现国家平衡、协调、可持续发展的观念倡导,因为这是作为人类灵魂工程师,也是现代人类试图共存、共享、共荣的必须和唯一的选择。法治引领、助推了人类文明的进步,法治也将进一步规范、保障不断进步的人类文明。

本教材主要由副主编、上海城市管理职业技术学院讲师、兼职律师李媛执笔,上海市城市科学研究会秘书长、兼职教授王震国作为本教材主编负责全书统稿、修编与审阅。我们感谢各方同仁一直以来对本教材观点、理念的大雅斧正和理性评鉴,以及对其中有益之文的认同与赐教;尤其要感谢原中共上海市城乡建设交通党校、上海城市管理职业技术学院诸多前辈和领导的大力支持。

限于作者学识、水平,本教材难免有挂一漏万、词不达意、失之偏颇之处,谨请读者海涵、见谅,也望批评指正。

编者